Lucharon en batallas decisivas

ROBIN BOOK

Pedro Pablo G. May

Lucharon en batallas decisivas

Soldados determinantes en los combates por tierra, mar y aire

HISTORIA BÉLICA

Diseño de cubierta: Regina Richling

Ilustración de cubierta: iStockphoto

Realización editorial: ebc, serveis editorials

Maquetación: Montserrat Gómez

ISBN: 978-84-9917-330-6

Depósito legal: B-24.654-2013

Impreso por Gràfiques Cromo Quatre,
c/ Amílcar, 80, 08032 Barcelona

Impreso en España - *Printed in Spain*

Introducción

La historia del hombre es la de sus guerras. Por mucho que el *homo sapiens* busque describirse a sí mismo como un ser íntimamente bueno, solidario y preocupado por los demás, los hechos demuestran que sólo hace falta una pequeña cantidad de poder material y otra aun más pequeña de ambición personal para desencadenar el conflicto. Desde la época de los sumerios, hace 5.000 años, no hemos aprendido gran cosa en ese aspecto.

De entre los grandes conflictos bélicos que marcan los hitos de nuestra civilización, el de la Segunda Guerra Mundial (SGM a partir de ahora) es probablemente el más analizado, por dos motivos obvios y un tercero oculto. Los dos primeros son la abundante documentación (nunca antes, y tampoco más tarde, una guerra ha sido tan fotografiada, filmada, descrita en textos, analizada e incluso parodiada por los humoristas gráficos) y su cercanía en el tiempo (setenta años después de finalizada de manera oficial, aún viven entre nosotros algunas personas que padecieron sus efectos directos y que, justo por ello, se convirtieron después en grandes antimilitaristas, deseosos de evitar que sus descendientes sufrieran los mismos o parecidos horrores).

El tercer motivo, a la sombra de los otros dos y bien «escondido» por diversos intereses, es la manipulación emocional que a día de hoy se sigue haciendo de este conflicto. La inmensa mayoría de los estudios divulgados sobre la SGM, en especial durante los últimos treinta años, la tratan aún desde un punto de vista político y propagandístico, haciendo hincapié en dramas paralelos, más que en la guerra en sí. El ejemplo más obvio es el de la animadversión hacia los judíos durante el III Reich. Este tratamiento provoca que numerosos textos relacionados con la guerra de 1939-1945 cojeen y acaben por dejar insatisfechos a sus lectores, ya que, en lugar de analizar el conflicto como tal, éste se presenta como una especie de encarnación cinematográfica del eterno pulso del Bien contra el Mal, en la que los «buenos», heroicos y compasivos son siempre los Aliados, mientras que los «malos», cobardes y degenerados son siempre los alemanes (y sus respectivos aliados). En este escenario de radical Blanco *versus* Negro sin matiz alguno, los militares del Eje y en especial los germanos han sido satanizados hasta un punto que los hace incomprensibles. Y lo que es peor: cualquier intento de humanizarlos, al menos para tratar de entender sus motivos y acciones, es de inmediato descalificado, repudiado e interpretado como una defensa de lo indefendible.

Sin embargo, existen numerosos testimonios *profesionales* de militares occidentales que podrían servir para comprender y que de hecho salvaron a diversos acusados incluso en los Tribunales de Núremberg. Estos testimonios nunca aparecen en los libros contaminados por la propaganda y mucho menos en los programas televisivos o en las películas. Por poner un ejemplo, el comandante de la Royal Navy W. Grenfell afirmó en una declaración pública a finales de los años sesenta del siglo XX que: «aun después de tantos años de continuo contacto con los alemanes sigo sin entender por qué el soldado alemán de la SGM es insultado tan a menudo (…) No hizo más que cumplir con su deber. Si hubiera alguien a quien criticar, debería ser a los hombres que formaron los gobiernos y sus diplomáticos, todos los cuales tendrían que haber hecho mucho más para evitar la guerra (…) existen en todas partes oscuros personajes, no sólo en Alemania. Pero en cinco años de servicio durante la última guerra no conocí ni un solo caso de marinos alemanes que demostraran falta de hidalguía…».

El análisis frío e impersonal de mapas y documentos aporta conclusiones sorprendentes, como que la SGM comenzara oficialmente con el propósito de liberar un país (Polonia) del expansionismo de un régimen totalitario (el III Reich) y finalizara con media Europa (Hungría, Yugoslavia, Rumanía, Checoslovaquia, Bulgaria, Estonia, Letonia, Lituania, la mitad de Alemania ¡y la misma Polonia!) sometida, a otro régimen igualmente totalitario (la URSS).

El presente libro prescinde por completo de políticos o filósofos: es un texto exclusivamente de soldados, que describe algunas historias personales particularmente llamativas de las muchas que acontecieron en los principales frentes de este conflicto. Hemos reseñado diez momentos clave de la SGM: la *Blitzkrieg* en Polonia, con la que comenzó la guerra; la batalla de Inglaterra, que salvó al Reino Unido; la Operación Barbarroja para la invasión de la URSS; El Alamein o el conflicto en el norte de África; la vital batalla del Atlántico; Stalingrado y el fin de las victorias alemanas; Pearl Harbour y la entrada en guerra de EE.UU.; el Desembarco de Normandía como principio del fin; la conquista de Iwo Jima, que precedió al bombardeo nuclear, y la batalla de Berlín, con el hundimiento del régimen de Hitler. Hubo muchos otros momentos importantes, desde Kursk hasta Guadalcanal pasando por Montecassino o Midway, pero por obvias razones de espacio ha sido imposible citarlos todos aquí.

Al reflexionar sobre las historias que presentamos a continuación, recordemos que cuantos combatieron en aquella época terrible, con independencia de su nacionalidad o sus creencias, fueron seres humanos con sus miserias y sus grandezas. No todos los alemanes fueron «malvados criminales nazis», como tampoco todos los rusos fueron «salvajes bolcheviques comunistas», como por supuesto no todos los aliados occidentales fueron «valientes demócratas concienciados». La mayoría de ellos no lucharon por ideologías, sino por sus familias y por sus amigos, por su tierra y por la forma de vida que habían tenido hasta entonces. Para todos, la guerra fue la ordalía que marcó su vida y las de cuantos conocieron. Sacó lo mejor y lo peor de cada uno. Y nosotros, siete decenios después, no estamos en disposición de juzgarlos: a día de hoy resulta fácil opinar en función de la información que poseemos, pero ignoramos lo que hubiéramos hecho de verdad si hubiéramos estado en su lugar.

1

Blitzkrieg. Asalto a Polonia

El escenario

El Tratado de Versalles fue uno de los documentos más nefastos firmados durante el siglo XX. El propio Stalin lo calificó como «un dictado de odio y latrocinio». Contraviniendo los pactos que permitieron llegar al ansiado armisticio de Compiégne y al final de la Primera Guerra Mundial (PGM a partir de ahora) en 1918, impuso una serie de resoluciones tan injustas como complejas que alimentaron el odio y el resentimiento y terminaron propiciando, junto a otros factores, la SGM. Esta comenzó oficialmente el 1 de septiembre de 1939, cuando las primeras tropas alemanas penetraron en Polonia tras sucesivos y dramáticos actos de violencia previos por parte de los polacos contra su propia población de origen germano (incluyendo decenas de miles de asesinados, además de incontables casos de saqueos de propiedades, violaciones e internamientos en el campo de concentración polaco de Bereza-Kartuska). En realidad, la guerra germanopolaca fue sólo la chispa del conflicto general, que había venido larvándose desde mucho tiempo atrás. En una declaración pública ante la prensa ya en noviembre de 1933, poco tiempo después de que Adolf Hitler llegara al poder en Alemania, el entonces secretario de Estado de EE.UU. Henry Morgenthau había afirmado crípticamente ante la prensa que «América acaba de entrar en la primera fase de la SGM». Sus palabras fueron consideradas por la mayoría de los columnistas de aquella época como una «exageración»...

Franciszcek Dabrowski y el primer muerto de la guerra

La guerra germanopolaca duró apenas un mes. Las Fuerzas Armadas de Polonia cumplieron un papel en general deficiente en un enfrentamiento donde los alemanes empezaron a rentabilizar su teoría y táctica de la *Blitzkrieg*. Uno de los pocos reductos que aguantó, aunque no mucho tiempo, fue la guarnición de Westerplatte. Esta península, con una extensión aproximada de medio kilómetro cuadrado, se ubica en la desembocadura del Vístula y en ella se guardaba en un recinto fortificado el arsenal que el ejército polaco mantenía en la ciudad de Danzig, hoy Gdansk. Esta urbe, de fundación, historia y tradición germánicas y en teoría ciudad libre de acuerdo con los pactos posteriores al final de la PGM, estaba en la práctica bajo control polaco y por ello constituía una de las principales exigencias alemanas al gobierno de Varsovia.

A finales de agosto de 1939, con los tambores de guerra resonando en toda Europa, los 88 efectivos habituales con que contaba aumentaron hasta algo más de 200, integrados por una compañía de infantería y un grupo de trabajadores civiles. Al frente de todos ellos se encontraba el mayor Henryk Sucharski, apoyado por su lugarteniente el capitán Franciszcek Dabrowski. De origen humilde y salud quebradiza, el punto fuerte de Sucharski no era su ardor bélico sino su capacidad de previsión y organización. Mejoró las defensas y fortificaciones de Westerplatte, además de solicitar el incremento de soldados allí concentrados. Dabrowski, en cambio, provenía de una familia de la nobleza polaca, aunque había nacido en Budapest, Hungría, y era un hombre más decidido y enérgico.

Hacia las 04:45 del viernes 1 de septiembre de 1939 ambos serían despertados, junto con el resto de la guarnición, por las explosiones provocadas en las defensas del sureste de la base por las ocho primeras granadas disparadas por el buque de guerra alemán *Schleswig-Holstein*: un crucero de combate armado con una veintena de cañones navales de distinto calibre. El *Schleswig-Holstein*, al mando del contraalmirante Gustav Kleikamp, se hallaba amarrado en el puerto de Danzig en visita oficial de cortesía, pero sus disparos durante la madrugada de esta trágica jornada se convirtieron en los primeros de la SGM. Kleikamp coordinaba la artillería de su nave con la actuación en tierra de un par de centenares de infantes de marina de la *Kriegsmarine* a las órdenes del teniente

Henningsen y unos 1.500 efectivos de las SS locales al mando del general de la policía Friedrich Eberhard. Su plan era sencillo: un cañoneo previo para «ablandar» a los polacos seguido de un asalto terrestre que arrollara toda resistencia.

Sucharski envió un breve pero explícito mensaje por radio a sus superiores: «S.O.S. Estoy bajo fuego enemigo», mientras Dabrowski organizaba a sus hombres. Sólo cinco minutos después del comienzo del cañoneo, se produjo el primer muerto de la guerra: Wojciech Najsarek, trabajador armado de los ferrocarriles polacos, que recibió varios impactos de ametralladora y falleció de inmediato durante el asalto que los infantes de marina ya estaban lanzando para apoderarse de la base. En 1945, recibiría a título póstumo la *Virtuti Militari*, la más alta condecoración militar de Polonia.

Para decepción alemana, la sorpresa inicial no había desmoralizado a los polacos, que, bien cubiertos desde sus posiciones, rechazaron este primer ataque y también los siguientes durante toda la jornada. En uno de ellos caería herido de muerte Henningsen. Ante la fuerte resistencia de Westerplatte, Eberhardt solicitó ayuda a la Luftwaffe, que al día siguiente lanzó un ataque con cazabombarderos. La base carecía de defensas antiaéreas, así que los aparatos alemanes pudieron bombardear a placer…, aunque al final del día los polacos seguían sin rendir la plaza.

Bombardeo de Westerplatte.

Durante las siguientes jornadas continuaron los ataques artilleros y los intentos de asalto, pero Dabrowski logró mantener elevada la moral de su tropa, incluyendo la de su propio superior, que tenía los nervios destrozados. De hecho, para el día 5 de septiembre, el mayor Sucharski estaba dispuesto a deponer las armas. Las noticias que llegaban del resto de Polonia daban cuenta de las sucesivas derrotas de su ejército y temía que toda la guarnición de Westerplatte acabara muerta en un esfuerzo inútil. Cuando le hizo saber sus intenciones a Dabrowski, éste se opuso enérgicamente y continuó liderando la defensa.

En la madrugada del día 6, los sitiadores desplegaron una acción propia de una película: aprovechando la vía férrea que recorría la península, enviaron un tren en llamas destinado a impactar y reventar la cisterna de aceite del perímetro defendido por los polacos. Detrás del convoy iba un nuevo pelotón de asalto, dispuesto a aprovechar el caos producido por la esperada explosión. Pero el maquinista, por miedo a morir, saltó de la locomotora antes de tiempo y el tren falló. Los polacos, animados por Dabrowski, acribillaron a los alemanes.

Finalmente, el día 7 de septiembre, Sucharski se vino abajo. Las últimas noticias le deprimieron profundamente: en apenas una semana de conflicto, la *Wehrmacht* se había plantado en las afueras de Varsovia y todo hacía suponer que la resistencia sería inútil. Dabrowski protestó

Dabrowski, segundo por la derecha, junto a sus hombres.

y trató de convencerle de nuevo para seguir luchando, mas en esta ocasión Sucharski impuso su autoridad. A las 09:45, una bandera blanca asomó tímidamente entre las defensas de Westerplatte.

Hacia las 11:30, los últimos defensores abandonaban la posición escoltados y rumbo a un campo de prisioneros, mientras los alemanes organizaban una formación de honor para reconocer su brava actuación. Murieron unos 20 polacos y otro medio centenar resultó herido, pero durante años sobrevivió el recuerdo de una heroica guarnición que nunca se habría rendido y cuyos integrantes habrían muerto combatiendo en su puesto. Los alemanes sufrieron entre 200 y 300 bajas, si bien algunas de ellas fueron provocadas por el *fuego amigo* de los bombardeos.

Tanto el mayor como el capitán pasaron el resto de la guerra prisioneros, pero su destino tras ella fue muy diferente. Sucharski fue condecorado y ascendido, se le dio un nuevo mando en Italia y falleció de una peritonitis tras una intervención quirúrgica en agosto de 1946. Fue enterrado cerca de Bari, aunque en 1971 sus cenizas fueron devueltas a Polonia y finalmente sepultadas con honores en el mismo Westerplatte. El médico que le había intervenido, Melchior Wankowicz, mitificó su imagen al publicar dos años después de su muerte un relato titulado con el nombre de la famosa base, en el que describía a Sucharski como una especie de nuevo Leónidas en unas «Termópilas polacas». Así apuntaló un recuerdo idílico del mayor, que sobrevivió durante 50 años.

Dabrowski también fue condecorado y tras la guerra escribió un par de libros sobre sus experiencias, pero falleció sin mayores reconocimientos en 1962. No obstante, a partir de los años noventa del siglo XX, nuevos informes y documentos desclasificados parecen confirmar que desde el primer momento fue el capitán Dabrowski y no el mayor Sucharski el verdadero líder de Westerplatte y quien consiguió defender con éxito la base durante una larga y angustiosa semana. El estruendo del cañoneo y las armas automáticas con las que comenzara la SGM fueron demasiado para los nervios del mayor, que desde el principio estuvo incapacitado para manejar la situación. ¿Por qué se llevó entonces todos los reconocimientos, por encima de su capitán? Tal vez no sólo por su graduación, sino porque para la propaganda y la historiografía comunistas resultaba más atractivo ensalzar como líder a un hombre de familia humilde que a otro de origen noble.

La defensa de Westerplatte fue una excepción en la invasión de Polonia. Durante años, los polacos habían sido adoctrinados por la propaganda, según la cual el ejército alemán no representaba una gran amenaza y el mismo nacionalsocialismo estaba demasiado dividido internamente como para declarar una guerra. Esa misma propaganda se jactaba de la inmediata intervención, en caso de amenaza, de franceses y británicos, así como del apoyo soviético por su pacto de mutua amistad y no agresión.

La realidad supuso un durísimo despertar: para el 7 de septiembre la Werhmacht había penetrado profundamente en Polonia y ese día no sólo se rindieron los defensores de Westerplatte sino otros 175.000 polacos en la zona del Vístula. El día 9 se completaba el cerco de Varsovia capital. El 15, el gobierno polaco abandonó a su pueblo y huyó en pleno a Londres mientras exigía tanto a militares como civiles que continuaran luchando. Para el 17 de septiembre, apenas quedaba resistencia: 90.000 soldados polacos habían muerto, 200.000 habían resultado heridos y 600.000 estaban prisioneros.

Entonces llegó el peor golpe para Polonia: el mismo 17, la URSS le traicionó invadiéndola por el este con tres millones de soldados. Este es uno de los muchos puntos que quedan por explicar oficialmente acerca de la SGM: Francia y el Reino Unido declararon la guerra a Alemania por invadir Polonia pero no sólo no hicieron lo mismo con la URSS cuando también atacó Polonia sino que se apresuraron a justificar la invasión soviética.

El 28 de septiembre, Varsovia capituló.

Werner Goldberg, el soldado ideal

La victoria alemana en Polonia fue tan rotunda que los medios de comunicación del III Reich la rentabilizaron políticamente con facilidad. El diario *Berliner Tageblatt* publicó una gran fotografía de uno de los soldados que habían participado en el incontestable triunfo. Se llamaba Werner y era alto, rubio y de ojos azules; su mirada franca hacia el infinito derrochaba valor, voluntad y decisión; su casco brillante y su uniforme impecable le convertían en una especie de caballero medieval... Sí, era un auténtico joven del *Volk*, del Pueblo con mayúscula, defendiéndole de la amenaza exterior.

Su imagen simbolizaba muy bien al perfecto guerrero ario que deseaba el régimen nacionalsocialista. Por eso, junto a la foto el periódico publicó un eslogan fácil que, precisamente por su sencillez, caló en la sociedad: *El soldado alemán ideal*. Gracias a la popularidad y difusión del *Berliner Tageblatt*, y al posterior uso de la fotografía también en los carteles de reclutamiento, Werner se convirtió en el soldado más famoso de su compañía.

Durante algunos meses, disfrutó del reconocimiento general, hasta que alguien llamó la atención de uno de sus superiores a propósito de su familia. Y es que Werner se apellidaba... Goldberg, un apellido de inconfundible aroma judío. Se abrió una discreta investigación y se comprobó que su madre profesaba la fe cristiana desde siempre, aunque su padre había nacido judío, si bien había abrazado más tarde la religión luterana. Werner Goldberg era un *Mischlinge*: un *mestizo* racial.

Werner Goldberg, impecable.

Mischlinge era todo aquel ciudadano alemán que tenía un progenitor de origen judío, sin importar que continuara observando o no los preceptos de su religión. Su número fue muy estimable: según cálculos recientes, aproximadamente unos 150.000 llegaron a pertenecer a las Fuerzas Armadas. De hecho, cuando comenzó la persecución oficial de los judíos, muchos optaron por silenciar su ascendencia familiar e incluso buscaron voluntariamente la salida militar como una forma de protegerse a sí mismos y a los suyos, ya que se daba por sentado que sólo un alemán *de verdad* decidiría afrontar los riesgos de la defensa del Reich. Por lo demás, las Leyes de Núremberg de 1935 permitían el alistamiento de los medio judíos.

Respecto a Werner Goldberg, cuando se comprobó su condición de *Mischlinge*, cayó en desgracia y fue incluso expulsado del Ejército. Las fotografías y los carteles con su imagen fueron rápidamente retirados y sustituidos por otros modelos probadamente germánicos.

En Alemania, como en otras sociedades del centro y el norte de Europa, el apellido del hombre suele anular al de la mujer en el momento de la boda. Por ese motivo, un *Mischlinge* de madre judía podía ocultar sin problemas su apellido. En el caso de Werner, si su padre hubiera sido el cristiano, apellidándose por ejemplo Müller, su madre judía habría abandonado su nombre familiar al casarse y se hubiera convertido oficialmente en *Frau* (Señora) Müller en lugar de seguir siendo *Frau* Goldberg.

Otros *mestizos* consiguieron salir adelante gracias a sus circunstancias personales. Un caso famoso fue el de Erhard Milch, que llegó a ser *Generaldfeldmarschall* o Mariscal de Campo. Su padre era judío, pero su madre lo ocultó durante toda su vida asegurando que en realidad Erhard era fruto de otra relación con un (inexistente) cristiano. Cuando un equipo de la Gestapo decidió investigar su ascendencia, el propio Hermann Göring ordenó suspender la labor policial, ya que Milch no sólo era uno de sus hombres de confianza en la Luftwaffe sino también su amigo. A raíz de este caso, Göring pronunció su celebrada frase: «¡Yo decido quién es judío y quién no lo es!».

Albert Stanley Prince y los primeros prisioneros de guerra

Si el primer muerto oficial de la SGM fue polaco, los primeros prisioneros de guerra del conflicto (más allá del enfrentamiento germanopolaco) fueron británicos. El alto mando en Varsovia confiaba que el Reino Unido y Francia intervendrían de inmediato en cuanto las tropas alemanas penetraran en su territorio, pero no fue así. Los franceses se limitaron a quedarse tras la Línea Maginot, que imaginaban lo bastante segura como para contener cualquier agresión germana. En cuanto a los ingleses, desde el primer momento apostaron por su poderío naval y también el aéreo: sus primeros actos bélicos fueron bombardeos contra Alemania.

Albert Stanley Prince nació en Montreal, en Canadá, aunque su familia se trasladó al Reino Unido a raíz de la PGM. En Inglaterra, trabajó para la administración pública antes de renunciar a su empleo con el fin de ingresar en la RAF, en 1935. Era un joven alto, atlético y deportista y, como tantos británicos de la época, deseaba lucir un uniforme de la Fuerza Aérea para deslumbrar a su familia y amigos.

Tras asistir a la escuela militar de Bristol y, más tarde, a la de navegación en Shoreham by Sea, se graduó un año más tarde. En noviembre del mismo 1936, se casó y pronto el nuevo matrimonio tuvo un hijo. El comienzo de la SGM le encontró de permiso con su familia. Al escuchar en la radio las dramáticas noticias, se reincorporó a su servicio en la base de Wattisham, en Suffolk, sólo 24 horas después de la ruptura de hostilidades. Esa misma jornada, la escuadrilla 107 a la que estaba asignado había recibido la orden de lanzar su primera misión de bombardeo, que se desarrollaría al día siguiente. La 107 volaría junto con la 110 y la 139 con destino a Wilhelmshaven, en la costa noroccidental alemana.

Prince pilotaba un Bristol Bleinheim IV, bombardero ligero muy utilizado en las primeras fases de la guerra. Era el mismo aparato utilizado por Andrew McPherson y su tripulación, que fueron los primeros miembros de la RAF en internarse en el espacio aéreo alemán, y descubrieron varios barcos alemanes como el acorazado «de bolsillo» *Admiral Scheer* y el crucero *Emden*, entre otros, anclados en el mar frente a la base naval alemana justo frente a Wilhelmshaven. La misión consistía en descargar el primer golpe en la zona.

Formación de Bristol Bleinheim IV.

Hasta 15 de estos bombarderos, pertenecientes a estas tres escuadrillas del 2.º Grupo de Bombardeo, despegaron a las 16:00 horas hacia un objetivo que no les proporcionaría la gloria que soñaban. El avión del canadiense tenía el número de serie 6240.

Los problemas se presentaron al poco de partir: el mal tiempo reinante en la zona forzó a la 139 (tal fue la excusa que emplearon sus responsables) a arrojar sus bombas al mar y regresar a la base. Los pilotos de las otras dos escuadrillas apretaron los dientes y continuaron adelante hacia Wilhemshaven. La 110 iba en cabeza, pero su ataque fue poco eficaz y además la artillería de los buques alemanes derribó a cuatro de sus aparatos. Cuando le llegó el turno de atacar a la 107, se había perdido el efecto sorpresa y otros cuatro bombarderos británicos acabaron estrellándose por el fuego antiaéreo. Entre ellos, figuraba el avión que pilotaba Prince, que cometió el error de volar demasiado bajo. Trató de realizar un aterrizaje de emergencia y finalmente el 6240 se estrelló junto al puerto.

Albert Stanley Prince, en una época tranquila.

Tropas alemanas rescataron y apresaron a todos los que iban a bordo, si bien encontraron a Prince muy mal herido. Rápidamente le trasladaron a un hospital de la misma Willhemshaven donde, pese a los esfuerzos médicos, falleció en el quirófano. Los alemanes rindieron honores a Prince, que se acababa de convertir en el primer canadiense muerto en acción de guerra, y al resto de los aviadores de la RAF fallecidos en el ataque. Sus restos fueron enterrados en el cementerio de Geestemunde con una guardia de honor y sus ataúdes envueltos en la bandera británica.

Sus compañeros se convirtieron en los primeros prisioneros de guerra occidentales e inauguraron la instalaciones del *Stalag* 357, donde pasarían el resto de la guerra.

Stalag, abreviatura de *Stammlager*, era la denominación alemana para los campos de prisioneros de guerra. En principio, sólo para suboficiales y tropa, puesto que los oficiales eran internados en otras instalaciones: los *Oflags*. A medida que fueron capturados más prisioneros por la exitosa campaña de la *Blitzkrieg*, terminaron albergando a militares de todo tipo de graduación.

Stalag Luft era la abreviatura de *Stammlager der Luftwaffe* o *Stalag* de la Fuerza Aérea Alemana. El más famoso de ellos fue el ubicado en las cercanías de Sagan, en la Baja Silesia, hoy territorio polaco, al sudoeste de Berlín. Se construyó como uno de los seis campos de prisioneros inicialmente previstos para un creciente número de militares capturados procedentes del arma aérea de los Aliados y llegó a contener unos 10.000 oficiales y suboficiales. Allí se produjo en marzo de 1944 el suceso que inspiró la película *La gran evasión*, cuando cerca de 80 presos lograron huir a través de un túnel de 110 metros de largo y 10 metros de profundidad que bautizaron con el nombre en clave de «Harry». Sólo tres de aquellos reos consiguieron escapar efectivamente tras una larga peripecia. De los capturados de nuevo, medio centenar de ellos fueron fusilados como represalia.

La principal diferencia entre el *Stalag* y el *KZ* o *Konzentrationslager*, el más tristemente conocido como campo de concentración, es que este último estaba destinado a criminales y a civiles considerados peligrosos o enemigos del Estado.

Tadeusz Komorowski y la falsa carga de la caballería polaca

Uno de los mitos más extendidos de la guerra germanopolaca es la existencia de una temeraria unidad de caballería del ejército de Polonia que habría cargado contra varias decenas de *Panzer* para intentar detenerlos, aun a sabiendas de que nada podrían hacer contra ellos y que cabalgaban hacia la muerte. Jamás existió esa carga, pero sí un oficial polaco de caballería que durante muchos años se enfrentó a la invasión alemana, con el mismo resultado que la unidad fantasma.

Pese a las novedades tecnológicas que aportó la SGM, el caballo desempeñó todavía un papel importante en este conflicto, sobre todo para el transporte en terrenos fríos y difíciles que impedían el desplazamiento de vehículos motorizados, así como para las tropas escasas de combustible. Algunos ejércitos, como el de Polonia, que no dispuso de sus primeros y limitados carros de combate hasta 1936, emplearon incluso unidades de caballería a la antigua usanza.

La invasión germana tenía, entre sus principales objetivos, recuperar el territorio de la antigua Prusia que le había sido arrebatado por el Tratado de Versalles. El 4.° ejército alemán se dirigió a Pomerania, donde los polacos contaban con dos divisiones de infantería y una brigada de caballería conocida como *Pomorska*, el nombre en polaco de la región. Según la leyenda, cuando una unidad de tanques germanos irrumpió sobre sus posiciones, la caballería cargó lanza en ristre y fue masacrada sin piedad por los blindados. Tan brutal fue la derrota de la *Pomorska* que a partir de ese momento se consideraría su carga como la última de la historia militar.

Aún hoy muchas personas siguen creyendo en la existencia de este sangriento episodio, aunque varios historiadores lo han refutado. Steven J. Zaloga explica en su libro *La invasión de Polonia: Blitzkrieg* lo que ocurrió de verdad: cuando los alemanes aparecieron, las tropas polacas se retiraron hacia el sur de Pomerania. Todos, menos el coronel Masterlaz, que dirigía el 18.° regimiento de lanceros y que agrupó en un bosque próximo a dos de sus escuadrones: medio centenar de jinetes en total. Su idea era dejar pasar a la vanguardia de la infantería germana y luego atacarla por sorpresa. Pero a quien atacó no fue a un grupo de tanques sino a efectivos de la 20 División de Infantería Motorizada. Como su nombre indica, éstos eran soldados a pie que contaban con algunos vehículos para desplazarse, como motos o camiones, pero no blindados. Sorprendidos por el inesperado asalto al estilo napoleónico, los alemanes fueron al principio diezmados por los polacos, pero reaccionaron de prisa y gracias a sus ametralladoras repelieron el ataque. veinte de los cincuenta polacos perecieron en un breve combate, incluyendo al propio Mastelarz.

Zaloga añade: «al día siguiente varios corresponsales de guerra italianos fueron conducidos al lugar del choque y alguien les dijo que los jinetes habían cargado contra carros de combate». Nadie sabe quién se inventó la supuesta carga suicida, pero los italianos se encargaron de aderezar la historia y, con el tiempo, esta fue magnificada. Tanto el mando alemán como el polaco sabían que no era cierta, pero ambos la dieron por buena por un interés propagandístico. Los polacos mostraban con ella su arrojo ante el enemigo compensando el dolor por su derrota, mientras que los alemanes lo usaban como advertencia de su poderío sugiriendo a futuros rivales que más les valía rendirse ante su superioridad técnica o acabarían igual que los polacos.

Se trata del general conde Tadeusz Komorowski de Korczak, comandante de caballería polaco y también líder de la resistencia contra la ocupación de su país. Había nacido en Lemberg (hoy Leópolis, en Ucrania), durante la época del imperio austrohúngaro y era realmente un conde de la nobleza polaca. Al ingresar en el ejército, fue nombrado comandante de la Escuela de Caballería de Grudziad. Durante la PGM, sirvió como oficial del ejército del imperio y, más tarde, permaneció con el rango de comandante en la independizada Polonia.

Komorowski asistió con impotencia, como el resto de oficiales polacos, a la rápida derrota de su país pero, en lugar de rendirse él también, se adhirió a la resistencia en la ciudad de Cracovia, donde utilizó otros nombres como Bór, Znicz, Lawina o simplemente Korczak. En julio de 1943, tras el arresto y ejecución de su predecesor en el cargo, el gobierno polaco en el exilio lo ascendió a teniente general y le nombró nuevo comandante en jefe de las Fuerzas Armadas polacas; es decir, de toda la resistencia, calculada en unos 400.000 soldados divididos en 19 divisiones distribuidas por todo el país. Eran muchos, pero carecían de armas y buena organización. No resultaron una gran molestia para la ocupación alemana hasta mediados de 1944.

En aquella época, con el desmoronamiento progresivo del frente oriental los alemanes se replegaban hacia las fronteras polacas acosados por el Ejército Rojo. Cuando los soviéticos empezaron a avanzar hacia Varsovia, el gobierno de Polonia en el exilio envió mensajes a Stalin exigiéndole que reconociera su existencia, así como la de la resistencia. Pero el dictador de la URSS se negó en redondo: tenía sus propios planes y estos incluían la ocupación de Polonia. Las autoridades polacas conocían y temían estas intenciones: la matanza de Katyn (en la que más de 20.000 oficiales e intelectuales polacos fueron asesinados en masa por agentes del NKVD soviético, que durante muchos años aún después de finalizada la guerra echaron la culpa de la matanza a las SS alemanas) les había demostrado lo que podían esperar de Stalin.

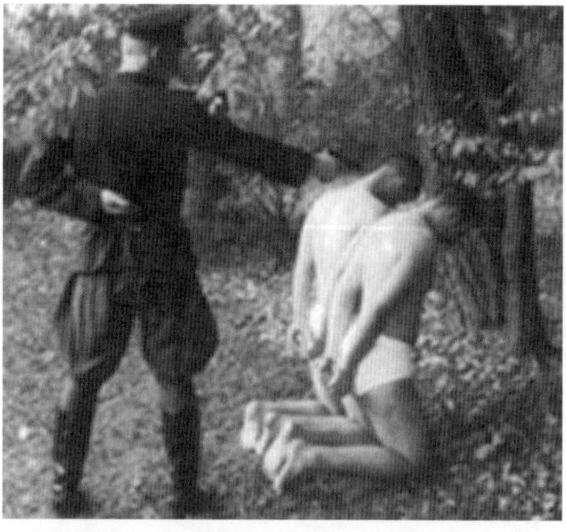

Oficial soviético ejecutando a prisioneros.

En semejante tesitura, a finales de julio de 1944 el gobierno polaco exiliado encomendó a Komorowski la misión de levantar en armas a la capital y derrotar a la guarnición alemana que la ocupaba, para apoderarse de ella antes de que llegaran los soviéticos. El oficial de caballería así lo hizo: contaba aproximadamente en Varsovia con unos 13.000 militares aptos, además de otras 75.000 personas para tareas auxiliares, si bien la mayoría estaban desarmados. Según algunas fuentes, apenas disponía de 1.000 fusiles, unos 2.000 revólveres, cerca de 300 pistolas automáticas y menos de 40 armas antitanque, entre otros escasos recursos. Por el contrario, el ejército alemán disponía de unos 20.000 soldados bien pertrechados.

Pese a ello, el alzamiento comenzó el 1 de agosto de aquel año: mientras los alemanes estaban ocupados en una contraofensiva que hizo retroceder 50 kilómetros al Ejército Rojo, la resistencia polaca ocupó una de las riberas del Vístula en Varsovia. El efecto sorpresa duró poco y no pudo apoderarse de los puentes que la unían con la otra orilla, defendidos por tropas germanas. Los británicos trataron de enviar refuerzos desde Italia, pero tenían que ser lanzados en paracaídas y la lucha de la RAF contra la Luftwaffe se repitió, mas esta vez con victoria alemana.

Heinrich Himmler en persona ordenó que la rebelión fuera sofocada a cualquier costo, empleando también las tropas Waffen SS e incluyendo fuertes represalias contra todo aquel que ayudara a los miembros de la resistencia. Los combates se volvieron cada vez más enconados. Para el 10 de septiembre, las primeras unidades soviéticas al mando del mariscal Konstantin Rokossovy penetraban en los suburbios de Varsovia y poco después capturaban la orilla derecha del Vístula. Allí se detuvieron por órdenes de Stalin, que esperaba que alemanes y polacos se desangraran entre sí para luego aplastar al debilitado bando vencedor. Con su habitual desprecio por los polacos, Stalin llegó a comentar que «el alzamiento polaco es una aventura criminal».

A finales de septiembre, los alzados se encontraban en situación crítica. Tras dos meses de dura lucha, carecían de armas, municiones, medicinas y alimentos. Komorowski nombró nuevo jefe de la resistencia al general Leopold Ukulicki y negoció su rendición al general SS Erich von dem Bach-Zelewski. El recuento final arrojó una cifra de 18.000 muertos y 6.000 heridos, además de 100.000 civiles también fallecidos.

Komorowski, en el momento de su rendición.

Resuelto el enfrentamiento, Stalin ordenó a Rokossovy reanudar su propio ataque. Los alemanes, exhaustos por la lucha con los polacos, disminuidos en hombres y recursos y sin capacidad para erigir una defensa adecuada, terminaron por abandonar Varsovia.

Komorowski pasó el resto de la guerra en un campo de prisioneros y fue liberado en mayo de 1945. Pero su alegría fue escasa. Trasladado a Londres, donde pasaría el resto de su vida, llegó a ejercer el cargo de primer ministro del gobierno polaco en el exilio entre 1945 y 1949. Pero sus últimos años fueron muy amargos, por la traición del Reino Unido y el resto de aliados occidentales que, una vez derrotada Alemania, dejaron de reconocer la existencia del verdadero gobierno de Polonia para dar el visto bueno a los comisarios del nuevo régimen comunista instalado por Stalin en Varsovia, como vasallo directo de Moscú. Escribió y publicó sus memorias en 1949 con el título de *The secret Army* (*El ejército secreto*) y falleció en la capital británica en 1966.

Voytek, el soldado oso

La intensidad de la SGM consumió todo tipo de recursos. Los ejércitos implicados en el conflicto necesitaban el mayor número posible de efectivos y no dudaron en enrolar a mujeres, jóvenes y ancianos..., e incluso animales. Existen muchas historias acerca de animales empleados en el frente: desde asnos para el transporte de suministros hasta palomas para llevar mensajes. Pero sólo una unidad pudo presumir de contar en sus filas con el soldado Voytek, ayudante de Artillería de la 22.ª Compañía de Transporte del Ejército Polaco, y oso en sus ratos libres.

Muchos soldados polacos que cayeron prisioneros del Ejército Rojo tras la invasión soviética del 17 de septiembre de 1939 fueron conducidos a los gulags, los terribles campos de concentración en Siberia. Allí permanecieron hasta que la evolución de la guerra ofreció una oportunidad inesperada a los supervivientes... En 1943, la ocasión del Eje de ganarla parecía ya un sueño: tras la derrota de El Alamein en otoño del año anterior, los alemanes se rendían en Stalingrado, mientras los aliados desembarcaban en el sur de Italia y los japoneses se retiraban de Guadalcanal. Era el momento del supremo esfuerzo y todos los soldados eran necesarios. Así que Stalin decidió liberar y rehabilitar a sus presos polacos, a cambio de que se comprometieran a luchar con los Aliados. Así nació el 2º Cuerpo del Ejército Polaco, que fue armado y enviado a combatir lejos de su propio país, no fuera que se les ocurriera caer en la tentación de luchar para liberar Polonia..., incluida la parte ocupada por Moscú.

Su primer destino fue Oriente Medio, donde sirvieron de apoyo al Ejército británico. Durante el viaje a través de las montañas iraníes, un niño pidió comida a un grupo de soldados de la 22.ª Compañía de Transporte y les ofreció intercambiarla por un osezno que había capturado y había empezado a domesticar. Los polacos aceptaron el peculiar negocio y se lo quedaron como mascota tras *bautizarle* con el nombre de Voytek.

A partir de entonces, Voytek se convirtió en el principal pasatiempo de la compañía, con la que fue creciendo y aprendiendo multitud de trucos. Le utilizaban como mulo de carga, pero también se divertían con él: le enseñaron a saludar a los mandos, le daban cerveza para beber y cigarrillos para que se los comiera e incluso luchaban en peleas amistosas que siempre ganaba el oso, por su envergadura.

El 2.º Cuerpo fue trasladado a Europa para participar en la campaña de Italia y los oficiales británicos torcieron el gesto al ver aparecer al oso. Advirtieron seriamente a los polacos de que no se aceptaban mascotas, pues la guerra sólo precisaba soldados y en consecuencia tendrían

Voytek, con uno de sus cuidadores.

que deshacerse del animal. La respuesta de la 22.ª Compañía fue enrolar oficialmente a Voytek, proporcionándole un número formal de combatiente con el rango de ayudante de Artillería. Gracias a este estatus, Voytek participó entre otras en la batalla de Monte Cassino, donde transportó durante varias horas los pesados obuses de cerca de 50 kilos para mantener el bombardeo artillero contra las posiciones alemanas. Su participación en combate fue reconocida con la acuñación de una insignia específica en la que se podía apreciar a Voytek caminando con un obús entre sus patas superiores.

Pronto, el soldado oso se hizo muy popular y, cuando su compañía fue trasladada al cuartel británico de Berwickshire, en Escocia, los polacos fueron agasajados por multitud de curiosos y atendieron a bastantes periodistas que querían conocer de cerca la historia de un soldado tan peculiar.

La insignia de Voytek.

Finalizada la guerra, Voytek fue desmovilizado igual que sus compañeros y trasladado al zoológico de Edimburgo, la capital escocesa. El oso conservó una buena memoria hasta el final de sus días pues, según contaban algunos de sus antiguos camaradas humanos, cuando acudían a verle al zoo, el animal les reconocía, se ponía en pie y repetía el gesto que le habían enseñado tiempo atrás para que le facilitaran un cigarrillo. Voytek falleció en 1963.

2

La batalla de Inglaterra. «Nunca tantos…»

El escenario

Una de las razones de la derrota alemana durante la SGM fue el empeño personal de Hitler en no emplearse a fondo desde el primer momento con el Reino Unido: deseaba una salida airosa e incluso una alianza con un país cuyo recorrido histórico no dejaba de ensalzar recordando además que anglos y sajones eran tribus originariamente germánicas. Contactó con la aristocracia inglesa que le veía con buenos ojos (incluyendo el rey Eduardo VIII, quien se vio obligado a abdicar precisamente por sus simpatías nazis compartidas con su esposa Wallis Simpson), ofreció un acuerdo de paz separado a Londres retrasando sus propios planes de batalla e incluso sacrificó a su lugarteniente Rudolf Hess, enviado en una misión personal cuasi suicida. Fue Hitler quien frenó en persona a los blindados del comandante Guderian y al resto de tropas alemanas que se disponían a destruir la fuerza expedicionaria británica en Dunkerque para que esta pudiera escapar, como gesto de buena voluntad. Sin embargo, el gobierno británico encabezado por Winston Churchill no quería la paz sino la victoria. Tras rendirse finalmente a la evidencia, Hitler dio orden de preparar la Operación León Marino para invadir el Reino Unido. Condición *sine qua non* constituía la destrucción previa de la RAF por parte de la Luftwaffe. Entre julio y octubre de 1940 se desarrolló entre ambas la batalla de Inglaterra: una serie de operaciones aéreas en los cielos británicos y del canal de la Mancha que concluyó con la victoria británica.

Douglas Bader, el piloto sin piernas

Douglas Robert Stuart Bader conocía el ejército desde pequeño. Segundo hijo del mayor Frederick Roberts Bader, del cuerpo de ingenieros reales, estaba acostumbrado, junto con su madre y su hermano mayor, a seguir al cabeza de familia en sus diversos destinos por el imperio británico, desde la isla de Man hasta la India. Herido en la PGM, falleció pocos años después del conflicto, y su esposa de casó de nuevo. Resentido con la vida, Douglas se refugió en sus estudios y obtuvo una beca para ingresar en la Universidad de Cambridge, donde descuidó los libros para dedicarse al cricket, el fútbol, el rugby y el boxeo explotando su atlética condición física.

Confuso respecto a su futuro profesional, ingresó en la RAF y en julio de 1930 estaba ya asignado como piloto del escuadrón 23. Pilotó varios biplanos, como el Gloster Gamecock o el Bristol Bulldog, modelos que pronto quedarían superados por los impresionantes avances tecnológicos de los años treinta y cuarenta. Siempre confiado y algo temerario, en diciembre de 1931 trató de impresionar a sus conocidos con una acrobacia en el Aeroclub de Reading, pero cometió un error durante la maniobra y su aparato se estrelló. Trasladado de urgencia al Royal Berkshire Hospital, los médicos le vieron en tan mal estado que para salvar su vida optaron por amputarle ambas piernas.

La repercusión psicológica, además de física, fue terrible para Bader, aunque desde el primer momento reconoció que el siniestro había sido

Un Bristol Bulldog en el aire.

culpa suya. Tras una larga convalecencia fue destinado al hospital de la RAF en Uxbridge para la rehabilitación. Allí conoció a otro piloto llamado Marcel Dessoutter que había perdido una de sus piernas en otro accidente aéreo y acababa de fundar una empresa de ortopedia. Bader se ofreció a probarlas y, tras seis meses de pruebas y esfuerzos en los que se negó a usar muletas o bastones por la pura fuerza de su voluntad, logró caminar, jugar al golf e incluso conducir un automóvil adaptado gracias a las nuevas prótesis. Aun más, demostró que podía volver a pilotar un avión. Sin embargo, los mandos de la RAF consideraron que un piloto con las piernas amputadas no parecía el mejor reclamo para nuevos reclutas y optaron por retirarle en 1933.

Resignado, Bader encontró un empleo en una empresa petrolera y se casó, pero cuando estalló la SGM, deseó más que nunca volver a volar. Empleando sus influencias, presionó durante casi tres meses para ser admitido de nuevo en la RAF con el mismo rango que tenía en el momento de su retiro forzado. Al fin, fue declarado apto médicamente y enviado a una escuela de vuelo para refrescar sus conocimientos antes de empezar su entrenamiento con los Sptifire y los Hurricane.

En febrero de 1940 fue asignado a la escuadrilla de vuelo número 19 en Duxford, cerca de Cambridge. Tenía 29 años y a esa edad estaba considerado como «el abuelo» por el resto de jóvenes pilotos, pero pronto demostró estar en perfecta forma y ser uno de los mejores de la escuadrilla. Los médicos aseguraron que sus excelentes condiciones para el pilotaje se debían en parte justo a su ausencia de piernas: durante los vuelos de combate, muchos pilotos sufrían leves pérdidas de conocimiento por la acción de la gravedad en sus bruscas maniobras, lo que les exponía en aquellos delicados instantes a ser víctimas de los aviones rivales; sin extremidades inferiores donde pudiera concentrarse la sangre siempre necesaria en el cerebro, la circulación de Bader era más rápida y fluida y ello le permitía estar más tiempo consciente.

Por sus cualidades como piloto y su liderazgo demostrado fue nombrado comandante de la escuadrilla 22, ubicada en la misma base. Volando con ella tuvo su primer contacto con la Luftwaffe, junto a la costa de Dunkerque: era un Messerschmitt BF 109 que no hizo ninguna maniobra de evasión. Probablemente el piloto alemán era un novato o estaba despistado. Bader lo abatió con una sola ráfaga de ametralladora.

Tras sucesivas y exitosas misiones, a finales de junio de 1940 fue nombrado comandante de la escuadrilla 242 compuesta por pilotos canadienses muy desmoralizados por el elevado número de bajas que habían sufrido en Francia. Bader supo ganarse su simpatía y les animó proporcionando sucesivas victorias contra los Messerschmitt, los Dornier y los Stukas alemanes.

Con este bagaje se presentó a la batalla de Inglaterra, donde utilizó tres Hurricanes con los que consiguió derribar una docena de aparatos alemanes y dañar otros cuatro. Por ello fue nombrado en 1941 comandante de un ala de Spitfires encargada de escolta a bombarderos e interdicción aérea: es decir, ataque de objetivos tácticos terrestres, como convoyes de suministro. Las iniciales de su avión eran DB, lo que le valió el jocoso apelativo de *Dogsbody* (*burro de carga*, en el sentido de echarse mucho trabajo encima).

Su buena racha se truncó a primeros de agosto de 1941. En aquel momento llevaba 22 aviones alemanes derribados en su cuenta personal y volaba junto a su escuadrilla en una ofensiva sobre la costa francesa. Vio a una docena de Messerschmitt en formación, volando por debajo y en la misma dirección, y picó para atacarlos, pero los demás pilotos no le siguieron y se vio solo ante el enemigo. Derribó uno de los cazas alemanes pero otro le ametralló a él y le arrancó la cola de su Spitfire. El inglés tuvo que lanzarse en paracaídas y fue tomado prisionero al llegar al suelo.

Durante el salto, Bader había perdido una de sus piernas artificiales. Los alemanes, que le trataron con mucho respeto al conocer su historial siendo un hombre tullido, notificaron su captura a la RAF, y el mismo general Adolf Galland, uno de los ases de la Luftwaffe, solicitó que enviaran una nueva prótesis para reemplazar la perdida en un avión desarmado que no sería atacado. Los británicos contestaron la elegante sugerencia con la Operación Leg (*pierna*), bombardeando la base de la Luftwaffe donde estaba preso. Sólo después de arrojar las bombas tuvieron el *detalle* de lanzar la pierna ortopédica en paracaídas.

Bader tampoco se quedó cruzado de brazos. Ingresado en un campo de prisioneros, intentó escapar en tantas ocasiones que los guardas alemanes llegaron a quitarle las piernas ortopédicas durante la noche y amenazaron con hacerlo también durante el día si persistía en su actitud. En agosto de 1942, logró evadirse al fin en compañía de otros cuatro

El Supermarine Spitfire fue uno de los principales cazas británicos: la imagen más brillante de la RAF durante la batalla de Inglaterra, aunque en la realidad fuera el Hawker Hurricane el avión que llevó el mayor peso en el combate contra los aparatos alemanes. Producido en mayor número que ningún otro avión del Reino Unido, el Spitfire estuvo en servicio hasta los años cincuenta en diversos países.

Concebido como un avión de intercepción de corto alcance pero alto rendimiento, su diseño contenía una sección transversal delgada que le permitía alcanzar una velocidad punta más elevada que otros cazas. Además, la estructura original podía adaptarse para motores de distintas potencias y armamento variado. Su polivalencia le permitió ser usado en misiones de instrucción, fotoreconocimiento y cazabombardero.

Después de la batalla de Inglaterra, el Spitfire fue empleado por el Mando de Caza en Europa, el Pacífico y el sureste asiático.

Un Bristol Bulldog en el aire.

prisioneros, pero su fuga se descubrió pronto: justo el mismo día había ido a visitarle un oficial del Mando de Caza alemán que le admiraba y quería conocerle en persona y que encontró su habitación vacía. Bader fue capturado pocos días después y conducido al castillo de Colditz, en Sajonia: la prisión de máxima seguridad de Alemania para prisioneros de guerra. Allí eran internados los oficiales aliados más recalcitrantes en sus intentos de fuga de otros campos..., y ya no consiguió huir.

Fue liberado en abril de 1945 por efectivos del 1.º ejército de EE.UU., y, trasladado a París, aún trató de volver al servicio activo, pero la petición le fue denegada. La guerra en Europa daba sus boqueadas finales... Lo que sí recibiría fue el mando sobre la colosal escuadrilla de 300 aviones que volaron sobre Londres en junio de 1945 como parte de la celebración del día de la victoria. A continuación fue nombrado capitán de grupo. Se retiró definitivamente de la RAF en febrero de 1946.

Tras la guerra fue empleado por la petrolera Shell y dedicó buena parte de su tiempo a ayudar a los mutilados e incapacitados por heridas de guerra, lo que le valdría el nombramiento de caballero. En 1979 voló por última vez como piloto y en 1982, tras una cena en la que se celebraba el 90 cumpleaños de sir Arthur Harris, falleció de un ataque cardíaco.

Jack Churchill: un oficial sin espada no está bien armado

Antes de la SGM y aún en los primeros tiempos del conflicto, Hitler no desaprovechó las ocasiones públicas que tuvo para loar el carácter de los británicos «de pura raza», destacando su disciplina, su temple y su capacidad de liderazgo. Sin duda le hubiera encantado conocer en persona a John Malcom Thorpe Fleming Churchill: un inglés tan peculiar que encarnaba esa visión idealizada del militar británico y que fue conocido entre sus camaradas como *Fighting* (*luchador*) Churchill o, más habitualmente, *Mad* (*loco*) Jack.

Churchill nació en Surrey en 1906 y se graduó en la academia militar de Sandhurst en 1926. Apasionado de la historia, sobre todo de la Edad Media, le gustaba lucir una espada escocesa Claymore de doble filo que solía llevar consigo. Su lema era que «cualquier oficial que entre en acción sin su espada no está bien armado». En su afán por emular las guerras «como las de antes» por las que tanto suspiraba, aprendió también a tirar con arco y gracias a ello consiguió pequeños papeles de cine, como en la versión de 1924 de *El ladrón de Bagdad*. Enviado a Birmania como miembro del Regimiento de Manchester, se hizo famoso por esta y otras excentricidades, como tocar la gaita incluso en la sala de guardia a las tres de la madrugada, presentarse a formar con un paraguas en lugar de su arma reglamentaria o pasarse los permisos viajando solo y en moto por la India. Curioso, aventurero y provocador, su carácter confundía a sus superiores, que le licenciaron en 1936.

Durante su corta vida civil, siguió probando cosas nuevas como editar un periódico o rentabilizar su dominio del arco presentándose al Campeonato Mundial celebrado en Oslo en 1939. Cuando comenzó la SGM se alistó de inmediato, ansioso por «entrar en acción», no sin antes adquirir un arco de madera de tejo y otros dos de acero, además de una buena cantidad de flechas de caza. Con estas armas y su inseparable espada, llegó a tiempo de embarcar en la BEF, el Ejército expedicionario británico a Francia, que fracasó y se retiró apresuradamente en Dunkerque. Antes de la evacuación, en mayo de 1940 protagonizó un hecho único en el conflicto. Se encontraba al mando de una compañía de infantería que defendía el pueblo de L'Epinette cuando apareció una patrulla alemana de reconocimiento al mando de un sargento. Distribuyó apresuradamente a sus hombres para emboscarla y dio la orden de iniciar el ataque lanzando un flechazo que mató al suboficial alemán, a unos 30 metros de distancia. Así se convirtió en el único soldado inglés conocido que abatió a un enemigo con arco y flecha en la SGM.

Mientras los británicos mantenían todo tipo de negociaciones y presiones para lograr que EE.UU. se incorporara a la guerra, *Mad* Jack se consumía en la inactividad de su cuartel, así que se presentó voluntario para un grupo de comandos. No sabía demasiado bien en qué consistiría su labor pero, según confesaría más tarde, le apetecía «porque tenía aspecto de ser algo peligroso». Así que en diciembre de 1941 estaba desembarcando, con la espada en la mano, en una playa de Noruega al frente de dos compañías en la Operación Archery (*tiro al arco*), con el objetivo de capturar la guarnición alemana en la localidad de Vaagsoy. Antes del asalto, se dio el lujo de tocar una breve tonada con su gaita, después lanzó una granada de mano y finalmente cargó con su espada animando a gritos a sus hombres, que le siguieron, entusiasmados por su autoconfianza. La sorprendente acción finalizó con un éxito rotundo y alimentó su leyenda: muchos soldados le consideraban un oficial chiflado, pero invulnerable. Por esta acción se le concedió la Cruz Militar, primera de varias condecoraciones que recibiría en su extravagante carrera.

Mad Jack, a la derecha, atiende a las explicaciones con su espada al cinto.

En julio de 1943, y ya con el grado de coronel de comandos, desembarcó en Catania (Sicilia) y en Salerno (en la península italiana) siempre con su espada, su arco y flechas y su gaita, lo que mantenía la moral de sus tropas elevada. En otoño, se le encargó apoderarse de la localidad italiana de Piegoletti. Esta fue probablemente su actuación más espectacular. Resultaba casi imposible aproximarse a las primeras defensas alemanas en un territorio falto de elementos para camuflarse, así que utilizó una táctica absurda que dio buenos resultados. Esperó a la noche y, luego, formó a sus hombres en seis columnas paralelas que avanzaron disciplinadamente a la carga al grito de «¡Comando!». Los centinelas alemanes pensaron que estaban siendo atacados por una fuerza demasiado numerosa para resistir y se rindieron sin más. A continuación, acompañado sólo por un cabo, *Mad* Jack se internó en el pueblo para localizar uno por uno los puestos de guardia e intimidar a los soldados que había en ellos con ayuda de su espada. De esta manera capturó todos los puestos sin disparar una sola bala.

En 1944, fue enviado a Yugoslavia para ayudar con sus comandos en la organización de los partisanos de Josip Broz Tito. En una de las acciones de guerra, fue rodeado junto a media docena de sus hombres por tropas alemanas. La explosión de un proyectil de mortero mató o hirió a todos menos a él, que siguió disparando hasta terminar la munición. Entonces sacó su gaita y esperó su captura tocando el tema «Will Ye No Come Back Again?» (*¿No volveremos jamás?*). Detenido, fue enviado a Berlín para ser interrogado y, más tarde, ingresado en el campo de concentración de Sachsenhausen. Se fugó junto a un oficial de la RAF con el que cavó un túnel por debajo del muro de la prisión y durante un par de semanas vagó en dirección al Báltico. Pero le apresaron de nuevo cer-

Existen varios documentos fotográficos en los que se ve a *Mad* Jack con su espada: a veces en su vaina y a veces en la mano, pero es lógico pensar que igual que disponía de varios arcos también disponía de varias espadas y que utilizaba una más manejable para cargar contra las posiciones alemanas. Y es que la *Claymore* original, cuyo nombre significa *Gran Espada*, era un arma aparatosa, de aproximadamente kilo y medio de peso y más de un metro y veinte centímetros de largo, que se blandía con ambas manos y estaba afilada por los dos lados de la hoja. Fue desarrollada por los *highlanders* escoceses y utilizada sobre todo en sus guerras contra los invasores ingleses hacia el siglo XIII.

Escoceses armados con espadas Claymore.

ca de Rostock y fue enviado a otro campo, el de Niederdorf, en el Tirol austríaco, a finales de abril de 1945. Junto a él viajaron más de un centenar de prisioneros aliados, todos ellos oficiales de rango alto.

Al llegar a Niederdorf, los prisioneros temieron que los guardias del campo quisieran ejecutarles, dado que el III Reich se derrumbaba y pronto no habría ni siquiera hombres suficientes para mantenerles encerrados. ¡Morir así cuando la guerra estaba a punto de finalizar…! Lograron contactar con oficiales del ejército alemán para expresarles su temor, y uno de ellos, el capitán de la *Wehrmacht* Wichard von Alvensieben, intercedió ante los guardias y consiguió que los dejaran libres a todos: no tenía sentido firmar ejecuciones a esas alturas. La mayoría de los prisioneros huyeron hacia el lago Prags para esperar allí la llegada de las tropas aliadas, mientras que *Mad* Jack prefirió encaminarse en solitario hacia Verona. Allí contactó finalmente con unidades de EE.UU., que le devolvieron con su ejército.

La guerra en Europa expiró poco después, pero no en vano le llamaban *Luchador* Churchill: quería seguir peleando, así que se marchó a Birmania para incorporarse a las tropas británicas que allí luchaban contra los japoneses. Sin embargo, estaba aún en la India cuando llegó la noticia del bombardeo nuclear de Hiroshima y Nagasaki y la rendición incondicional de Japón. Se cuenta que un indignado *Mad* Jack bramaba y maldecía a los norteamericanos por privarle de seguir combatiendo. Su frase más conocida era: «Si no fuera por esos condenados yankees, podríamos haber mantenido la guerra en marcha otros diez años».

La SGM finalizó…, pero para entonces *Mad* Jack no podía parar: su vida había sido una gran aventura y necesitaba más emociones. En 1946 rodó una nueva película: *Ivanhoe*, en la versión protagonizada por Robert Taylor y en la que por supuesto interpretaba el papel de arquero. En busca de nuevos horizontes, se graduó como paracaidista y consiguió que le transfirieran a la Infantería Ligera Escocesa, destinada al todavía protectorado británico de Palestina. Allí intervino en un grave incidente cuando varios cientos de árabes atacaron un convoy de personal y recursos médicos y militares judíos para el hospital Hadassah. *Mad* Jack y doce de sus hombres se interpusieron en la lucha y milagrosamente sólo tuvieron una baja. Más tarde se ocupó de la evacuación de los heridos.

En sus últimos años enrolado, sirvió de instructor en la escuela militar aérea de Australia. De regreso a Inglaterra, al fin se retiró del ejército en 1959, pero incluso entonces, en la vida civil, sus excentricidades continuaron. Una de las más conocidas era su costumbre de arrojar su maletín por la ventana del tren de cercanías cuando estaba a punto de llegar a la estación. Cuando le preguntaron por qué lo hacía, él contestaba que las vías pasaban junto al jardín trasero de su casa y así no tenía que cargar con el maletín desde la estación. Falleció en Surrey en 1996.

Hermann Görtz y el Plan Kathleen

—No pueden devolverme a Alemania, se lo suplico —el hombre repeinado y de gesto adusto gesticulaba nerviosamente—. ¿Es que no lo entienden? ¡No puedo caer en manos de los comunistas!

—Tranquilícese —insistió el agente de la Oficina de Extranjería, en el castillo de Dublín—, nadie va a entregarle a los comunistas... Señor Görtz, tiene usted la palabra del gobierno del Eire. Pero usted es alemán y su sitio está en Alemania. O en lo que queda de ella. Mañana será deportado. Eso es todo.

—Ustedes, tercos irlandeses... *Teufel!*

Airado, Görtz apartó su pipa de los labios, metió la mano en el bolsillo y extrajo una pequeña ampolla que rompió en el interior de su boca. El agente se dio cuenta al instante de lo que era y se abalanzó hacia la garganta del prisionero para tratar de evitar que ingiriera el veneno: ácido prúsico, más conocido como cianuro. Pero el alemán estaba colapsando ya. Trasladado de urgencia al Mercer's Hospital, murió al poco de ingresar. Fue enterrado en el cementerio de Dublín tres días después, en mayo de 1947. En 1974, sus restos fueron definitivamente trasladados al cementerio militar alemán en el condado irlandés de Wicklow.

Así finalizaba la aventura de Hermann Görtz: un voluntarioso pero desafortunado miembro del *Abwehr*, el espionaje militar alemán, que dedicó sus mejores esfuerzos a encontrar la forma de derrotar al Reino Unido sobre el terreno.

Görtz llegó a Suffolk, en el sur de Inglaterra, por primera vez en 1935, en compañía de su secretaria y también espía Marianne Emig. Con notable paciencia y eficacia, ambos recopilaron datos sobre el potencial de la RAF en la zona, incluso trabando amistad con algún piloto británico. Un malentendido con su casera propició que las autoridades poli-

Görtz, fotografiado para su ficha policial.

ciales descubrieran sus actividades y Görtz fue detenido y llevado a juicio mientras Marianne estaba en Alemania. El preso trató de convencer al tribunal de que no estaba espiando sino reuniendo información para escribir un libro…, y fue condenado a cuatro años de prisión, que no llegó a cumplir del todo. En febrero de 1939 fue liberado y deportado a Alemania.

En el verano del año siguiente, con la SGM ya en marcha, fue lanzado en paracaídas sobre un nuevo teatro de operaciones: Irlanda, el «patio trasero» de Londres. Pocos meses antes, el IRA había comisionado a Stephen Carroll Held, de ascendencia alemana, para entrevistarse en Frankfurt con agentes del III Reich a fin de ofrecerles su colaboración, pues «los enemigos de mis enemigos son mis amigos». El agente deslumbró a sus interlocutores con un cuadro fantasioso de la situación: aseguraba que con «sólo» 50.000 hombres las tropas alemanas podían invadir Eire gracias a la ayuda del Ejército Republicano Irlandés, que disponía de otros 5.000 efectivos dispuestos a apoyar esta audaz operación, además de movilizar a la población de la isla en su favor, incluyendo un levantamiento de los condados del Ulster. Como resultado de este golpe de mano, Inglaterra se vería rodeada y tendría que rendirse o someterse al destino de ser bombardeada desde bases irlandesas y, a la postre, inevitablemente invadida.

La realidad era bien diferente, como pudo comprobar el propio Görtz una vez sobre el terreno. El IRA estaba mal organizado y peor equipado, su número era inferior a lo expuesto por Carroll Held y también lo era su influencia sobre la sociedad irlandesa. Además, la conducta de sus jefes resultaba errática y poco previsible. De hecho, su primera entrevista con Stephen Hayes, comandante en jefe en funciones ante la ausencia de su líder Sean Russell (que se encontraba en EE.UU. buscando apoyos), le resultó decepcionante.

Pese a ello, los republicanos le ofrecieron cobertura mientras le cantaban las bondades del Plan Kathleen, diseñado por un voluntario de Belfast, Liam Gaynor, que había sido funcionario en el Ulster. Se-

Nada hay más impopular en Irlanda que un inglés, desde que en el siglo XII el rey británico Enrique II invadió la *isla esmeralda*, inicialmente para apoyar a su aliado Dermot MacMurrough, el antiguo rey irlandés de Leinster, y finalmente para ponerla bajo su propia bota. Durante ocho largos siglos de dominación, los ingleses humillaron, expoliaron e incluso masacraron impunemente a los irlandeses. Las sucesivas rebeliones que se organizaron durante ese tiempo, alguna de ellas con apoyo español, fracasaron una tras otra.

Finalmente, en 1919 comenzó la conocida como guerra de la Independencia Irlandesa que concluyó con la firma de un acuerdo en 1921 que reconocía el Estado Libre de Irlanda, pero dejaba fuera de él a los condados del Ulster: los más ricos e industriosos (y poblados por gentes probritánicas) de la isla. Este acuerdo generó *ipso facto* un nuevo conflicto: la guerra civil irlandesa entre los partidarios de tener un Estado, aunque fuera incompleto, y los que exigían la expulsión completa de los ingleses y la integración del Ulster en el nuevo país.

La superioridad numérica y de recursos de los partidarios del acuerdo selló su victoria en la guerra civil, que terminó oficialmente en 1923. Sin embargo, el IRA no se disolvió. Durante la SGM, vio la oportunidad de «completar el trabajo» de expulsión de los británicos y por eso buscó el apoyo de Alemania.

gún este plan, las tropas alemanas debían comenzar la invasión por varios puntos distintos, incluyendo Derry, Lerne, Coleraine y Sligo. En el momento en el que se produjera la llegada del cuerpo expedicionario germano, el IRA se levantaría en armas en ambos lados de la frontera. Parecía poco probable que con tan reducido ejército se pudiera conquistar todo Eire, pero el plan daba por sentado que los británicos reaccionarían de manera atolondrada violando la neutralidad del Estado Libre. Eso provocaría que toda Irlanda reaccionara y se levantara de nuevo en armas para recuperar el Ulster. Con las dificultades que atravesaban los ingleses y las armas alemanas, Gaynor creía el éxito asegurado.

Görtz trató de hacer ver a Hayes y al resto de dirigentes del IRA que el plan no era tan sencillo. Transportar 50.000 soldados hasta Irlanda, junto con toda su equipación y motorización era simplemente imposible en aquel momento: la Royal Navy dominaba los mares europeos y, en el aire, estaba por ver cómo se resolvía la batalla de Inglaterra.

A la espera de acontecimientos y mientras continuaban las discusiones sobre la propuesta de invasión, la Garda o Policía Irlandesa detuvo a Carroll Held en su domicilio, donde también se apoderó de las pertenencias de Görtz: su paracaídas, su documentación y anotaciones, sus medallas personales recuerdo de la PGM, en la que había participado…, y una copia del Plan Kathleen. El espía alemán escapó a tiempo y el IRA le escondió en varios de sus pisos francos durante año y medio.

A finales de 1941, cuando resultaba evidente que la invasión de Irlanda era ya imposible, aunque Görtz permanecía en la isla recopilando toda la información que pudiera ser útil, recibió la visita de otro republicano, Pearse Paul Kelly, en su último escondite de Dublín. Mientras ambos comentaban las últimas noticias, se presentó la policía y les detuvo a ambos. El alemán fue conducido a la cárcel de Mountjoy, la más grande de Irlanda y ubicada en pleno centro de la capital, y más tarde trasladado a una prisión militar, donde permaneció encarcelado hasta el final de la guerra. Liberado en agosto de 1946, decidió quedarse a vivir en Eire, pero fue arrestado otra vez al año siguiente, cuando su carrera finalizó del modo ya descrito.

La tumba de Görtz.

El Plan Kathleen no fue la única iniciativa barajada por Alemania para involucrar a Irlanda en su favor. Por la misma época, el mariscal Theodor von Bock planteó su propia propuesta de invasión, la Operación Verde, pero se desestimó porque contenía las mismas dificultades que el Plan Kathleen a la hora no sólo de transportar los soldados sino de garantizarles suministro, comunicación y apoyo logístico. Otro agente germano, Helmut Clissmann, quiso poner en marcha un plan similar de colaboración con el IRA llamado Operación Ballena, más adelante rebautizado como Operación Águila Marina, pero no funcionó en ninguno de los dos casos.

Frank Musgrove y la venganza de Inglaterra

Son innumerables los artículos, libros, documentos y hasta películas y teleseries rodados sobre la batalla de Inglaterra y los bombardeos que sufrieron algunas localidades de este país, empezando por Londres. Este despliegue contrasta vivamente con la escasez de artículos, libros, documentos, películas y teleseries que jamás se han escrito ni rodado sobre la venganza que Inglaterra se tomó sobre Alemania al aplicar la mayor campaña de bombardeo y terror aéreo contra población civil jamás registrada en la historia. El aniquilamiento de Hiroshima y Nagasaki, al fin sólo dos ciudades, resulta un chiste macabro comparado con la destrucción de decenas de ciudades en Alemania, incluyendo algunas urbes declaradas *abiertas* por carecer de interés estratégico, pero que fueron aniquiladas por la creencia de los Aliados de que así reduciría la moral alemana.

Para hacerse una idea de la muerte y destrucción generadas por la estrategia de los llamados bombardeos «en alfombra» o «en tapiz», se estima que unos 61.000 civiles británicos murieron por las bombas de la Luftwaffe durante toda la guerra, mientras que sólo en la ciudad de Dresde, entre el 13 y el 15 de febrero de 1945, las oleadas de bombas angloamericanas causaron más de 100.000 muertos civiles. Algunas fuentes hablan de más de 200.000, aunque hace pocos años un grupo de historiadores contemporáneos trató de reducirlas a menos de 40.000: este último número parece exageradamente pequeño si se tiene en cuenta el estado en que quedó la ciudad y que Dresde contaba con un censo de

Dresde fotografiado desde los restos del Ayuntamiento, ya finalizada la SGM.

algo menos de 650.000 habitantes al comienzo de la guerra, que no había sido bombardeada hasta entonces y que en el momento del ataque estaba atestada con la presencia de unos 200.000 refugiados que huían del Ejército Rojo, además de miles de soldados heridos.

El británico Frank Musgrove fue uno de los hombres que participó en esa destrucción como navegante de un bombardero Lancaster. Plasmó sus vivencias en sus memorias *Dresde y los bombardeos británicos sobre Alemania*, donde revela las precarias condiciones y los numerosos riesgos que afrontó el Mando de Bombarderos británico durante toda la guerra y critica severamente a los líderes aliados por alargar innecesariamente el conflicto.

Nacido en Nottingham, ciudad afectada por los bombardeos de la Luftwaffe en 1941, ese mismo año se alistó en la Royal Air Force aunque no fue sino hasta finales de 1942 cuando fue trasladado a Suráfrica como cadete de la Escuela Superior de Navegación Aérea. Su trabajo era el más complicado de toda la tripulación, pues debía trazar el rumbo de ida y vuelta del aparato en una época en la que, pese a los radares y los indicadores de posición aérea, no había ordenadores y las referencias externas eran casi inexistentes al volar en misiones nocturnas sobre territorios no iluminados para dificultar los ataques: «el navegante probablemente no veía nunca el suelo desde que el avión despegaba hasta que aterrizaba, quizá ni siquiera llegaba a mirar», pues se pasaba todo el tiempo «inclinado sobre sus mapas e instrumentos calculando la posición para rectificar el rumbo».

Musgrove cuenta cómo él y sus compañeros vivieron con comodidad en la escuela surafricana mientras seguían angustiados las noticias acerca del elevado número de bajas que sufría la RAF. A principios de 1943, perdía hasta 20 bombarderos por cada misión nocturna, pero las cifras se incrementaron espectacularmente en meses posteriores. Por ejemplo, el 23 de agosto los antiaéreos y los aviones de caza germanos lograron abatir 62 bombarderos británicos que atacaban Berlín. Las relaciones entre los miembros de las tripulaciones eran, precisamente por esto, cordiales y de buen humor, respetando cada cual las habilidades de los demás, pero «nunca muy íntimas, para que la pérdida de un tripulante no nos causara más que un temporal desequilibrio, en lugar de destrozarnos directamente la vida».

El navegante británico se asoció con un piloto y un bombardero, ambos australianos, para formar su primera dotación de combate. Después completaron con otros hombres el equipo de su Lancaster, un aparato de poco más de 31 metros de envergadura que podía transportar hasta 10 toneladas de bombas: una carga útil muy superior a la de cualquier otro avión aliado en el frente europeo. Junto a ellos completaría el ciclo de misiones mínimo requerido, antes de pasar a retaguardia: treinta operaciones consecutivas de bombardeo. Algunas fueron más tranquilas que otras, si bien el momento más peligroso lo vivieron en una misión destinada a atacar una refinería de petróleo en la localidad de Homberg.

Cuando se encontraban sobre el objetivo, el artillero de cola advirtió por los interfonos de que otro Lancaster que obviamente no los había visto se había situado justo encima de ellos y estaba abriendo las compuertas de su bodega de bombas. Musgrove las vio sobre su propia cabeza: «enormes y feas, cayendo a cámara lenta. Era imposible que no nos cayeran encima, pero no nos dieron. Una cayó por un lado del fuselaje a unos 30 centímetros. Otra por el otro lado a la misma distancia más o menos. La tercera parecía que se le venía encima al artillero de cola a cámara lenta. No le dio a la torreta con el artillero dentro pero chocó con el plano de cola. Por supuesto tenía la espoleta activada, pero no explotó, aunque sí se llevó por delante un buen pedazo del plano de cola». Lo ocurrido fue tan impresionante que el navegante añade que su experiencia sólo podía interpretarse como un milagro y por eso «hasta entonces había sido agnóstico o quizás ateo pero desde ese momento he sido un creyente ferviente y devoto (...) el hecho de que ese racimo de bombas enormes simplemente nos cayera encima sin causarnos daños fatales está más allá de la simple atribución al "azar" (...) no puedo imaginarme la naturaleza del Dios en el que ahora creo firmemente. Sólo creo que es un intervencionista a escala personal en los asuntos humanos. El porqué, el motivo, no puedo llegar a entenderlo, pero sé sin asomo de duda que es así».

La última misión de Musgrove fue precisamente el bombardeo de Dresde el 13 de febrero de 1945. En contra de la opinión generalizada de que la guerra estaba próxima a su fin, él afirma que en la RAF los ánimos no eran tan optimistas por la derrota aliada en Arnhem, la inesperada ofensiva de las Ardenas y los primeros ataques de la V1 sobre Londres. Así que tomó su último bombardeo como algo rutinario, aunque más sencillo de lo previsto pues «las defensas eran ligeras, había pocos reflectores que tanteaban inseguros, la defensa antiaérea parecía irregular, no había señales de actividad de caza». Sólo más tarde se conoció la magnitud de la destrucción provocada. Dresde sufrió un primer ataque de 800 tetramotores, seguido por una segunda oleada de 1.350 bombarderos pesados al amanecer y otros 1.100 al oscurecer. En total: se arrojaron en esas pocas horas 10.000 bombas explosivas y 650.000 incendiarias, que dieron lugar a escenas de pesadilla.

No obstante, el navegante reconoce con franqueza que «no tengo el menor remordimiento de haber volado a Dresde (...) pero estoy lleno de amargura por la pérdida de más de 700 jóvenes de la flor y nata de Inglaterra en la campaña de bombardeo en el extremo oriental de Alemania (...) lo que lamento respecto a Dresde es que ayudara a los rusos a establecerse firmemente con una espantosa ferocidad y que impidiera alcanzar el verdadero equilibrio de fuerzas en Europa por cuyo restablecimiento habíamos luchado (...) Los rusos llegarían a Berlín mucho antes que nosotros y se instauraría un grotesco desequilibrio de poder en Europa que traería una nueva barbarie mucho peor que aquella contra la que nos habíamos alzado».

Al regresar a su base desde Dresde, Frank Musgrove se encontraba excitado y a la vez aliviado: había cumplido sus treinta misiones y no volvería a volar a primera línea arriesgando su vida. Fue destinado a dar

La compilación de material histórico publicado en Bonn en 1958 por el gobierno de la antigua RFA, con el visto bueno de los expertos aliados y titulada *Documentación sobre daños de guerra en Alemania*, explica que los llamados «bombardeos de terror» sobre objetivos civiles en lugar de militares comenzaron el 4 de septiembre de 1939 cuando la RAF atacó inofensivos buques mercantes anclados en Wilhelmshaven y el canal de Kiel e incluso arrojó por error algunas bombas en la cercana ciudad danesa de Esbjerg. Aquel ataque resultó caro, pues de los 29 bombarderos británicos sólo regresó uno. Los primeros ataques sobre ciudades «abiertas» también los firmaron pilotos británicos la noche del 10 al 11 de mayo de 1940 sobre tres poblaciones de la cuenca del Ruhr.

El bombardeo *en alfombra* o por saturación (con enormes cantidades de bombas de caída libre combinadas a menudo con bombas incendiarias para destruir por completo una zona concreta) fue ordenado directamente por Winston Churchill al mariscal de la RAF sir Arthur Harris, apodado gráficamente como *Bomber* Harris por su entusiasmo con esta idea. Para entender el volumen de explosivos utilizados en este tipo de ataque, se puede comparar las 5.000 toneladas de bombas que la RAF arrojó sobre objetivos alemanes casi exclusivamente militares en 1940 con las 180.000 (¡36 veces más!) que lanzó en 1943 a discreción. En sus memorias, *Bomber Command* (*Mando de Bombarderos*), Harris reconoce que «hay que subrayar que a excepción de la ciudad de Essen, jamás elegimos una ciudad industrial como blanco para nuestros ataques. La destrucción de instalaciones industriales nos parecía siempre una misión especial. Nuestros blancos eran siempre los núcleos de las ciudades...».

El argumento era que la población civil alemana presionaría a su propio gobierno para rendirse si se veía tan directamente afectada, pero el efecto conseguido fue justo el contrario. Si quedaba algún alemán partidario de la paz cuando comenzaron estos ataques, sus ansias de revancha y venganza por semejante salvajada la enterraron. De hecho, ningún otro país, ni en un bando ni en otro, aparte del Reino Unido y EE.UU., usó semejante método, que era considerado inhumano. Cuando se conocieron sus resultados y la elevada muerte de civiles alemanes, hubo protestas y malestar entre la población del mismo Reino Unido. Uno de los historiadores y estrategas más famosos de la SGM, el británico sir Basil Liddell Hart, lo describió como «la manera menos civilizada de hacer una guerra desde las invasiones de los mongoles».

Hamburgo quedó casi arrasada por completo en 1943 en la significativamente bautizada como Operación Gomorra por el mando angloamericano.

clases de navegación aérea en Silverstone, donde hoy está el famoso circuito de carreras. Y allí tuvo oportunidad de reflexionar largamente sobre lo vivido. En su libro, el navegante exige el reconocimiento del sacrificio del arma en el que sirvió, apelando a los datos. Entre los fallecidos en combate o accidente, los heridos y los que fueron hechos prisioneros tras saltar en paracaídas, el Mando de Bombardeo tuvo un total de bajas de 73.000, de las cuales 55.000 fueron muertos. Es un porcentaje muy elevado teniendo en cuenta que durante los seis años de guerra volaron unos 100.000 efectivos. «Semejante tasa de un 73% es completamente desproporcionada frente al 15% considerado "normal" (...) Por comparar, en la famosa carga de la Brigada Ligera en la guerra de Crimea murió menos del 15% de los jinetes que participaron.»

Musgrove también señala que durante la batalla de Inglaterra el número de fallecidos en el Mando de Caza fue de un 17%, unas 500 personas, y se lamenta de que todo el mundo alabe su sacrificio y se olvide del Mando de Bombardeo: «en la batalla de Inglaterra participaron durante aquellas pocas semanas unos 3.000 pilotos. Que alguien me explique por qué dijeron que eran unos "pocos"...». Su crítica iba dirigida a Winston Churchill, quien hizo célebre la famosa frase: «En el campo de los conflictos humanos, nunca tantos debieron tanto a tan pocos», refiriéndose en exclusiva a los pilotos de caza.

No es el único reproche que prodiga al primer ministro británico, al que acusa de prolongar la guerra sin necesidad, por atender al deseo de EE.UU., y particularmente del propio presidente Roosevelt y sus asesores, de lograr la rendición incondicional del Eje en lugar de atender a las propuestas de negociación de Alemania. Hoy sabemos que las intenciones del III Reich eran enfrentarse exclusivamente con la URSS, no con Europa Occidental. Musgrove afirma: «Churchill tenía serios recelos al respecto pero para vergüenza suya consintió la decisión unilateral de Roosevelt y eso rompió las tradiciones y costumbres de la guerra en Europa (...) que podría y debería haber terminado a los cuatro años, en septiembre de 1943. Otros dos años de terrible matanza y destrucción eran innecesarios (...) Si se hubieran aceptado las negociaciones, Europa no hubiera quedado destruida y, la mitad de ella, invadida por la URSS con la consiguiente guerra fría posterior...».

3

Operación Barbarroja. La guerra deseada

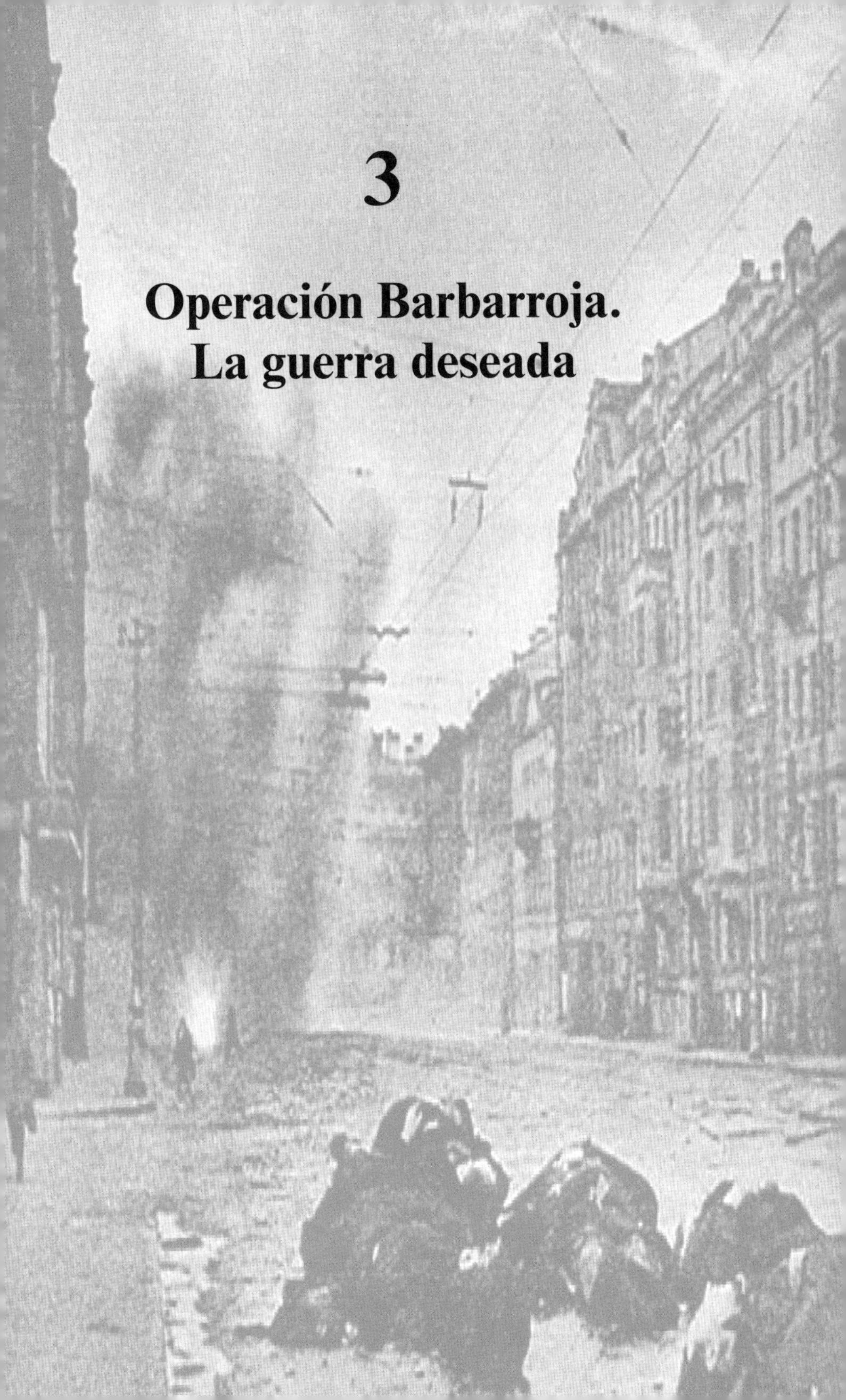

El escenario

El objetivo fundamental de Adolf Hitler y su obsesión militar personal era la destrucción de la Unión Soviética, que a su juicio constituía el peligroso modelo comunista que la comunidad judía deseaba implantar en Europa primero y en el resto del mundo a continuación. La Operación Barbarroja fue el nombre dado a su invasión, en honor a Federico I de Hohenstaufen, llamado Barbarroja por el color de su cabello, y un auténtico icono del nacionalismo alemán en su calidad de emperador del Sacro Imperio Romano Germánico. Las tropas alemanas lanzaron sus primeros ataques el 22 de junio de 1941 con tres colosales grupos de ejército (Norte, Centro y Sur) que abrieron el mayor y más brutal teatro de operaciones militares en Europa. La invasión no fue ninguna sorpresa para Stalin gracias a su eficaz servicio de espionaje en Alemania, la hoy poco conocida Orquesta Roja, mas la *Blitzkrieg* demostró de nuevo su eficacia y la penetración fue profunda. Los soviéticos perdieron gran cantidad de hombres, material y territorio antes de que el duro invierno detuviera el avance germano. En realidad, el comienzo de la operación estaba previsto para el 15 de mayo, pero la desastrosa intervención italiana en África oriental y en Grecia, así como el golpe de Estado en Yugoslavia contra el gobierno proalemán que había firmado el Pacto Tripartito, obligó a Hitler a retrasar el ataque hasta resolver primero estos problemas. Historiadores y estrategas creen que, de no haber mediado el retraso, Moscú hubiera caído en manos de la Werhmacht antes de Navidad y todo el frente soviético se habría desmoronado.

Mijail Gerasimov y la maldición de Tamerlán

Mijail Gerasimov no pudo contener la emoción al abrir el sepulcro en el que reposaban los restos de Tamerlán. Con una opresión en el pecho y los ojos húmedos, luchó por mantener el decoro. Además, un equipo de cinematógrafo estaba documentando aquel instante supremo en su carrera profesional y no podía quedar mal, porque la película sería enviada de inmediato al mismísimo camarada Stalin. El científico observó con mirada de experto lo que quedaba del que fuera el celebérrimo guerrero conquistador de la Edad Media, tomó su calavera y la mostró con gesto triunfal a la cámara. Tal vez pensaba en la vieja máxima latina *Sic transit gloria mundi*: *Así pasa la gloria del mundo…*

Al morir en 1405, el imperio de Tamerlán comprendía territorios que ocupaban unos ocho millones de kilómetros cuadrados entre el estrecho de los Dardanelos al oeste y el río Ganges al este, y desde el río Volga al norte hasta el golfo Pérsico al sur. Su cadáver, entre la conmoción de su pueblo por su inesperada muerte víctima de una enfermedad, había sido embalsamado con almizcle y agua de rosas de acuerdo con los pertinentes ritos musulmanes. Su ataúd de ébano, conducido con solemnidad a una sala decorada con oro en el mausoleo de Gur-e Amir (tumba del Rey), en la legendaria ciudad de Samarkanda, donde debía reposar junto a sus familiares. Uno de sus descendientes hizo colocar una lápida de jade verde oscuro sobre esta tumba, admirada desde entonces. Gerasimov suspiró. Tanto poderío y tanta magnificencia para acabar igual de muerto que el resto de seres humanos. Y ni siquiera donde la gente pensaba que había sido enterrado, pues en realidad sus fieles habían depositado el ataúd en una cripta subterránea del mausoleo para evitar profanaciones. Pero él la había profanado, cinco siglos después. Y con ello, había desatado una antigua maldición.

Mijail Gerasimov fue un conocido antropólogo y arqueólogo soviético que desarrolló la primera técnica moderna conocida de escultura forense. Apasionado por los restos óseos desde joven, gracias a su trabajo conocemos los rostros de más de 200 personajes del pasado que reconstruyó con maniática meticulosidad, como los de Iván el Terrible, Friedrich Schiller, la madre de Fiodor Dostoievski o… Tamerlán. Como él mismo reconoce en su autobiografía El buscador de rostros, se obsesionó con observar en persona «los rostros de los muertos tiempo atrás».

El emperador Timur Lang, Timur el Cojo, pasó a la historia como Tamerlán o Tamorlán, el último de los grandes conquistadores nómadas turcomongoles en la región del Asia Central, en línea con Atila o Genghis Khan. Vivió casi toda su vida en el siglo XIV y falleció recién estrenado el XV, cuando se dirigía hacia China con un poderoso ejército para incorporarla a su imperio, que conquistó en apenas dos decenios. Su dominio se extendía sobre lo que hoy conocemos como Siria, Turquía, Iraq, Kuwait, Irán, Rusia, Kazajistán, Turkmenistán, Uzbekistán, Kirguizistán, Afganistán, Paquistán y la India.

El imperio de Tamerlán fue construido a sangre y fuego, motivo por el cual en Europa se convirtió en un sinónimo de terror e incluso en un exitoso personaje de novelas populares.

Su labor fue tan importante que a día de hoy continúa utilizándose un método similar, que ha servido, por ejemplo, para reconstruir las caras de los faraones egipcios.

Durante sus investigaciones, se planteó recuperar los restos mortales de Tamerlán, no sólo para recomponer su aspecto facial sino para comprobar su parentesco con Genghis Khan, del que se suponía descendiente. Presentó su propuesta directamente a Stalin, que simpatizó de inmediato con ella y la financió.

Sello conmemorativo de los trabajos de Gerasimov.

Cuando Gerasimov llegó al mausoleo del conquistador en Samarkanda, encontró una maldición inscrita en la lápida de jade: «Aquel que viole la tranquilidad de mi tumba será objeto de un castigo inevitable a través de un enemigo más cruel que yo». Los habitantes de la ciudad, que conocían de sobra esta advertencia, trataron de convencer al científico para que desistiera de su intención de exhumar el cuerpo, mostrándole antiguos textos islá-

El busto de Tamerlán.

micos que confirmaban la maldición: la guerra se desataría si alguien osaba desenterrar al antiguo conquistador y él mismo regresaría como fantasma demoníaco.

Haciendo caso omiso de las supersticiones, impusieron el mandato de Moscú por la fuerza y culminaron las excavaciones. Tras filmar el exitoso hito arqueológico, lo que quedaba de Tamerlán fue cuidadosamente envuelto y trasladado a la capital soviética, donde sería examinado con detenimiento en las instalaciones de Gerasimov. Allí este confirmó algunas de las historias que se contaban sobre el emperador turcomongol, como su poderío físico, ya que su esqueleto mostraba que había sido un hombre alto y fuerte para su época, o lo adecuado de su apodo de «el Cojo» con el que se le conocía, pues en verdad sufría una cojera pronunciada.

Pero algo extraño sucedió: la cripta donde reposaba el antiguo emperador fue abierta el 19 de junio de 1941 y tres días después la Wehrmacht invadía la URSS. Uno de los operarios del equipo cinematográfico que filmó a Gerasimov con el cráneo de Tamerlán explicaría cinco decenios más tarde que él y sus compañeros fueron enviados posteriormente al frente para tomar imágenes de la guerra. Durante una tregua, tuvieron oportunidad de charlar con el general Georgi Zhukov, al que le contaron su aventura en Samarkanda. Las cosas iban tan mal para el Ejército Rojo que surgió la pregunta: ¿y si la maldición existía de verdad? El materialista y ateo Zhukov se mostró vivamente interesado por esta posibilidad, según este operario, y prometió hacer lo que pudiera para enmendar la situación.

En una entrevista posterior con Stalin, Zhukov le mencionó el asunto y consiguió su permiso para devolver los restos de Tamerlán a su santuario de Gur-e Amir. En noviembre de 1942, fueron definitivamente devueltos a Samarkanda y enterrados con los pertinentes ritos islámicos. El mismo mes de noviembre en el que, casualmente, se produjo la contraofensiva soviética que embolsó en Stalingrado al 6.º Ejército Alemán y cambió, tras su victoria, el rumbo de la SGM.

Nadie ha vuelto a molestar a Tamerlán.

Antonio Ponte Anido y la pintura deslizante

El teniente general José Luis Aramburu Topete fue director de la Guardia Civil durante la Transición y uno de los mandos militares que sofocó el golpe de Estado del 23 de febrero de 1981 en España, pero durante su larga carrera tuvo oportunidad de participar en la Guerra Civil española de 1936-1939, así como en la SGM, encuadrado en la División Azul. Cuando regresó a España, pronunció conmovido un frase en recuerdo de los cerca de 8.000 militares que fallecieron combatiendo contra la URSS: «Murieron lejos de España, pero por España». Después reconocería que en el momento de pronunciar esas palabras pensaba especialmente en Antonio Ponte Anido.

Ponte Anido había nacido en La Coruña y también participó brevemente en la Guerra Civil, donde resultó herido en el frente de Cataluña. Se enroló junto a otros miles de españoles para luchar contra la Unión Soviética y participó en diversas operaciones en la zona de Leningrado. Acuartelado como soldado de zapadores del regimiento de ingenieros n.º 8, tenía fama de sencillo y tranquilo. A principios de 1943, apenas veinte días antes de morir, escribió una carta a su madre que dejaba traslucir sus temores e incluso cierta premonición acerca de lo que le deparaba el destino.

Y lo que le deparaba el destino era la sangrienta batalla de Krasny Bor. La División Azul comandada en ese momento por el general Emilio Esteban-Infantes concentró en las afueras de esta localidad soviética a 5.900 efectivos después de recibir órdenes del mando alemán para proteger aquel sector del frente. En la retaguardia de la zona protegida por los españoles había también un regimiento alemán, un batallón de voluntarios estonios, las legiones de voluntarios lituanos y flamencos y un puñado de lusos integrantes de la Legión Verde Portuguesa. Se esperaba el inmediato ataque del Ejército Rojo, pues Stalin y Zhukov habían planeado la Operación Estrella Polar, destinada a rodear y embolsar todo el grupo Norte: si lo conseguían, no sólo romperían el asedio de Leningrado sino que desmoronarían el frente alemán y conseguirían vía libre para

Tropas españolas en el invierno ruso.

la invasión de los países bálticos. Con ese objetivo fue desplazado a la región el 55 Ejército soviético, que contaba con 44.000 soldados, más de un centenar de tanques y un millar de piezas de artillería. La desproporción entre las tropas atacantes y las defensoras era descomunal.

El 10 de febrero a primera hora comenzó el cañoneo soviético que durante un par de horas machacó con más de 36.000 obuses las líneas españolas. A continuación, más de 33.000 soviéticos avanzaron acompañados por medio centenar de blindados T-34, KV-1 y T-26. En condiciones normales, cualquier fuerza hubiera sido barrida por esta impresionante ofensiva. Para fortuna de los españoles, el bombardeo había convertido la tierra de nadie en un lodazal que atascaba los carros de combate. Además, la infantería soviética avanzaba en hileras cerradas, lo que les convertía en una masa compacta y por tanto de blanco fácil. Y, además, la mayoría de los soldados llegaban borrachos o con resaca, pues, como era costumbre en las ofensivas más peligrosas, los mandos soviéticos distribuían grandes cantidades de vodka para reducir el miedo y exacerbar el valor guerrero de sus hombres…, aunque eso se tradujera en soldados tan temerarios como de combatividad muy deteriorada por su pésimo estado físico y mental.

Gracias a estos factores, durante las primeras horas la defensa española con ametralladoras y granadas detuvo y diezmó sistemáticamente a

España quedó extenuada tras la Guerra Civil y por ello no participó directamente en la SGM, aunque el general Franco compensó de múltiples maneras la ayuda facilitada por Berlín entre 1936 y 1939. Pese a mantener un estatus oficial de país no beligerante o neutral, las autoridades españolas ayudaron al espionaje alemán, facilitaron el comercio de productos necesarios para su esfuerzo bélico y proporcionaron una ruta segura para la huida de numerosos mandos del III Reich al final de la guerra. También crearon a partir de 1941 una unidad de voluntarios, con la condición de que combatirían siempre en el frente del Este contra los ejércitos comunistas: la División Azul.

Técnicamente se trataba de la 250 *Einheit spanischer Freiwilliger* pero enseguida adquirió su apodo de *Blaue Division* debido a la negativa de muchos de los integrantes del primer reemplazo, que provenían de Falange y se negaban a abandonar sus características camisas azules, aunque el resto de su equipo era similar al de la Werhmacht. La poca confianza de los mandos alemanes ante la improvisación y la indisciplina de los españoles así como la facilidad que estos mostraban para confraternizar con los civiles rusos se vio pronto compensada por la ferocidad y resistencia mostradas por sus aliados celtibéricos en el frente. Haciendo honor a una larga tradición militar, los españoles siempre estaban en primera línea en las luchas más duras, y eran de los que no solían retroceder. La batalla de Krasny Bor fue un buen ejemplo de esa combatividad que condujo a numerosos mandos y tropa alemanes a asegurar públicamente que preferían a los españoles antes que a otros voluntarios como compañeros de trinchera. Su fama traspasó fronteras y, a instancias de Stalin, los aliados occidentales presionaron a Madrid para que los retirara utilizando todo tipo de vías: desde sobornos a generales españoles hasta la amenaza de invadir las islas Canarias. A finales de 1943, la balanza empezaba ya a pesar en contra de Alemania en todos los frentes y el general Franco, siempre haciendo equilibrios entre ambos bandos, optó por retirarse a partir del mes de octubre.

Cerca de 47.000 españoles participaron en los sucesivos relevos de la División Azul durante los dos años que estuvieron en ac-

Soldado español condecorado por un oficial alemán.

tivo. La unidad estaba compuesta por tres regimientos de infantería y uno de artillería, cada cual nombrado con el apellido de su respectivo comandante, además de un batallón antitanque, grupos de zapadores, transmisiones, sanitarios, policía militar... Contaba también con un batallón de reserva móvil bautizado, con el característico humor español, como «Tía Bernarda».

El balance final de bajas se cifra en cerca de 8.000 fallecidos y unos 10.600 heridos. Además, cerca de 600 fueron hechos prisioneros de guerra y conducidos a los gulags, donde la mayoría murieron víctimas de la brutalidad de los campos soviéticos. Apenas dos centenares regresaron, y tuvieron que esperar hasta 1954 para ser liberados.

También hubo aviadores voluntarios, que formaron la Escuadrilla Azul y volaron en el grupo de caza JG27 dirigidos por el mariscal Wolfram von Richtofen, quien había mandado la Legión Cóndor en España. Destruyeron 170 aviones soviéticos y sufrieron una veintena de muertos y desaparecidos, además de cinco heridos y un par de prisioneros.

la confundida vanguardia soviética e incluso se permitió el lujo de hacer salidas para atacar con cócteles Mólotov los blindados inmovilizados en el fango. Este éxito inicial se consiguió a costa de numerosas bajas en la División Azul, especialmente en su 262 Regimiento, que soportó lo más duro del combate. Sin embargo, la inmensa superioridad numérica acabó imponiéndose y rompió las líneas por varios puntos. El general Esteban-Infantes ordenó replegarse hasta la misma ciudad de Krasny Bor, para recomponer allí la defensa. Los soviéticos continuaron su avance y la batalla continuó calle por calle y casa por casa, incluso con cargas a la bayoneta y combates cuerpo a cuerpo.

En medio de la ofensiva, hacia las 16:00 horas, Ponte Anido se encontraba herido de bala, no grave, junto a un hospital de campaña construido con tablas de madera en el que se amontonaban un centenar de españoles heridos de diversa gravedad. Un poco más retrasado, alguien había instalado un depósito de municiones para surtir a los combatientes de primera línea sin tener en cuenta que un disparo afortunado del enemigo no sólo reventaría el polvorín sino el hospital. Entonces apareció un carro blindado que había logrado superar el barro y comenzó a ametrallar la frágil construcción. Los soviéticos tenían órdenes de destruir cuanto tuvieran por delante sin cuartel. Poco antes, otros tanques habían aniquilado sin más contemplaciones otro hospital, además de un vehículo en funciones de ambulancia que transportaba a dieciséis heridos.

Decidido a terminar su trabajo con rapidez, el comandante del carro de combate decidió volarlo todo con un cañonazo. La torreta comenzó a girar mientras el blindado se movía enfilando el hospital y Ponte Anido asistía impotente a los momentos previos a la matanza. Entonces algo reaccionó en su interior: tomando una mina magnética, dos según algunas fuentes, corrió hacia el tanque soviético fuera del alcance de sus mirillas. Logró alcanzarlo sin que la tripulación del blindado advirtiera su presencia e intentó colocar la primera..., pero descubrió con horror que la chapa estaba impregnada con una pintura deslizante. Ante sus ojos, la mina resbalaba sin adherirse. Sin pensarlo dos veces, quitó el seguro del explosivo y lo apretó contra el tanque con su propio pecho. La explosión le mató, pero también destruyó el blindado soviético y salvó el hospital. Numerosos soldados españoles fueron testigos de cómo uno de sus compañeros se sacrificó por todos los demás.

La Cruz Laureada de San Fernando.

Poco después, aparecieron los refuerzos alemanes. Primero, cazabombarderos Stuka y, enseguida, el regimiento alemán seguido de los estonios y los flamencos. Los soviéticos recularon y el frente se estabilizó. Cuando cayó la noche, los agotados combatientes de uno y otro ejército agradecieron la tregua. Sin embargo, el general Esteban-Infantes organizó un contraataque sorpresa durante la madrugada para rechazar al enemigo al menos fuera de la ciudad. Los soviéticos aguantaron como pudieron el embate pero sufrieron nuevas e importantes bajas.

Al amanecer el 11 de febrero, los españoles esperaban la respuesta soviética pero esta no se produjo. Sus pérdidas habían sido tan altas que la Operación Estrella Polar tuvo que ser suspendida, ante la incredulidad del propio Stalin, que no entendía como un puñado de enfurecidos españoles había podido detener y derrotar a un ejército soviético que le superaba por una proporción de más de 7 a 1. El balance final de bajas entre los españoles fue de 2.825, de los cuales 1.125 muertos, 1.500 heridos y 200 prisioneros. Los soviéticos sufrieron 10.000 bajas.

En el informe final español figuraba el nombre de Ponte Anido. Tenía 20 años cuando murió: le quedaba muy poco tiempo para cumplir su servicio y hubiera regresado a España en el siguiente reemplazo. Por su acción de guerra recibió la Cruz Laureada de San Fernando, la más importante medalla militar del Ejército español.

David Oistraj y la sinfonía de Shostakovich

—¿Lo ha escuchado bien? —preguntó Carl Eliasberg, director de la orquesta sinfónica, el único que quedaba vivo en Leningrado.

—Sí, ha sido una interpretación magnífica —contestó el violinista David Oistraj.

—No, no me refiero a la música, sino al silencio.

—¿Qué quiere decir? —preguntó el músico, desconcertado.

—No ha caído una sola bomba, no ha habido ni un solo disparo enemigo, durante la interpretación de la sinfonía... —contestó asombrado y conmovido Eliasberg.

Era agosto de 1942 y Leningrado sufría el bloqueo alemán desde hacía un año. Eliasberg acababa de dirigir a Oistraj y el resto de músicos en el estreno de la *Sinfonía Nº 7* de Dimitri Shostakovich, que pasaría a la historia como *Leningradskaya* o *la leningradense*. Mientras la música sonó por los altavoces distribuidos en toda la ciudad, sitiadores y sitiados pudieron disfrutar de un escaso período de calma, como queriendo demostrar la verdad del refrán según el cual la música amansa a las fieras.

La batalla por Leningrado fue una de las más duras de cuantas se disputaron durante la invasión alemana de la URSS, porque más que una batalla fue un auténtico sitio al estilo medieval. Leningrado era el nombre con el que los bolcheviques habían bautizado, en honor a Lenin, la antigua y noble ciudad de San Petersburgo, la más importante de Rusia después de Moscú. Hitler deseaba su conquista por tres motivos: primero, porque supondría un duro golpe psicológico para los soviéticos arrebatarles la cuna oficial de su Revolución; segundo, porque una vez ocupada toda la región, la flota roja del Báltico quedaría neutralizada y este mar, bajo control de la *Kriegsmarine*; tercero, porque así podría cerrarse la pinza sobre la capital soviética.

Stalin y sus generales sabían esto y ordenaron a sus unidades militares conservar la ciudad al precio que fuera, utilizando a la población civil como mano de obra para fortificarla con un complejo sistema defensivo y, si era necesario, como escudo humano. Incluso dieron orden de minar el subsuelo de Leningrado con explosivos para demoler la urbe en caso de que llegara a caer en manos de la Wehrmacht.

La fortísima defensa presentada por los soviéticos y los problemas alemanes de abastecimiento aconsejaron al alto mando germano ahorrar fuerzas y optar por cercar la ciudad para rendirla por el hambre y el frío. Comenzó así un pavoroso sitio que, en contra de las optimistas previsiones iniciales, se extendió en el tiempo y llegó a durar casi 900 días: desde agosto de 1941 hasta enero de 1944. Durante ese tiempo, murieron en torno al millón de personas, la mayoría civiles, en una espantosa lucha por la supervivencia que terminó con todos los perros,

Bombardeo de Leningrado.

gatos, palomas y ratas de la ciudad y en la que se llegó a practicar el comercio de cadáveres destinados a la antropofagia, a falta de otros alimentos. En varias ocasiones Leningrado estuvo a punto de rendirse pero no llegó a hacerlo gracias a la ayuda, siempre insuficiente, que lograba llegar de vez en cuando a través de un estrecho corredor sobre el helado lago Ladoga.

Las autoridades soviéticas trataban de entretener a la población durante los períodos de calma y para ello organizaban numerosas actividades culturales que, además, servían para reforzar las consignas comunistas y el espíritu de lucha. Los teatros se mantuvieron abiertos durante el asedio aunque las sesiones nocturnas fueron sustituidas por otras más tempranas, que comenzaban a las 17:00 para que los espectadores pudieran regresar a casa antes del toque de queda. El Museo del Hermitage seguía abierto, aunque en horarios irregulares, y allí se inauguró en enero de 1942 una exposición especial de los pintores locales. Un mes más tarde, el mismo escenario acogía las reuniones del equipo de arquitectos encargado del denominado Proyecto del renacimiento: los planes para reconstruir la urbe, una vez finalizada la guerra.

En este clima irreal de cultura bajo las bombas, Oistraj fue invitado a participar en el estreno de la *Sinfonía Nº 7*. Las primeras melodías habían sido compuestas por Shostakovich a finales de julio de 1941 en la

Dimitri Shostakovich fue un músico sensible, tímido y obsesivo, con una trayectoria vital complicada. Pese a ser hoy conocido como uno de los principales compositores del siglo XX, su música fue criticada e incluso perseguida en la URSS porque algunas de sus obras fueron consideradas poco afines con las ideas revolucionarias. El propio PCUS o Partido Comunista de la Unión Soviética denunció públicamente su obra en dos ocasiones, aunque posteriormente (sólo tras la muerte de Stalin) le rehabilitó e incluso le otorgó un reconocimiento oficial del Estado.

Aunque llegó a ser diputado del Soviet Supremo, aún persiste la polémica sobre hasta qué punto Shostakovich soportó tantos desplantes por ser un fiel miembro de la burocracia soviética o tal vez un disidente clandestino. Su obra incluye 15 sinfonías y 6 conciertos, además de música de cámara, de cine, óperas y ballet.

misma ciudad pero cuando las tropas alemanas se aproximaban en un avance hasta el momento imparable, el compositor la abandonó junto con su familia, igual que hicieron cientos de miles de civiles.

Casi un año más tarde, un avión de suministros llevó, entre otras cosas, la obra completa, que las autoridades soviéticas ordenaron estrenar el 9 de agosto como una bofetada directa a Hitler, quien al comienzo de la Operación Barbarroja había alardeado de que para esa misma fecha pero del año anterior, Leningrado ya estaría en su poder. Oistraj aceptó de inmediato la oferta que se le hizo para interpretar la obra de Shostakovich.

David Fiodorovich Oistraj había nacido en Odesa antes de la Revolución y, aunque con el tiempo sería entronizado como uno de los más prestigiosos violinistas del siglo XX, sus comienzos no fueron muy prometedores y de hecho su primer instrumento en el Conservatorio fue la viola. No obstante, era un apasionado de la música clásica y poseía una gran fuerza de voluntad, por lo que poco a poco fue encontrando su sitio hasta que debutó precisamente en Leningrado con el *Concierto para violín y orquesta* de Tchaikovsky. En 1937 recibió el primer premio importante de su carrera en el Concurso Reina Isabel en Bruselas. A partir de ese momento, su carrera empezó a ser reconocida y alternó los conciertos con su

David Oistraj tocando su violín.

empleo como profesor del Conservatorio de Moscú. Al igual que otros músicos en Occidente, al estallar la guerra pidió permiso para desplazarse al frente y aliviar con su música el ocio de los soldados de su país.

Desde que la partitura había llegado a la ciudad hasta su fecha prevista de estreno quedaba poco tiempo y las autoridades militares buscaron afanosamente a los músicos necesarios para retirarlos de sus trincheras y conducirles al teatro a fin de que ensayaran. La composición requería 79 instrumentistas y no fue tarea fácil reunirlos a todos. Algunos se encontraban en un estado de debilidad tal que se dudaba de su capacidad para participar, aunque se les aumentó su ración durante los ensayos, como sucedía con Eliasberg. No obstante, la mayoría recobró fugazmente la sonrisa y el ánimo al volver a vestirse con sus trajes de gala y dedicarse aunque fuera durante poco tiempo a lo que realmente amaban: la música.

Finalmente llegó el día del estreno. El patio de butacas de la Filarmónica donde sonó el violín de Oistraj, junto con el resto de la orquesta dirigida por Eliasberg, estaba repleto con la presencia de los soldados distinguidos en el frente y los obreros más eficaces en la producción: la entrada con la que se sentaron fue el premio oficial por su labor en la defensa de la ciudad. No obstante, la música llegó a todos los rincones de Leningrado gracias a la red de altavoces y, durante el tiempo que duró su interpretación, la contienda se detuvo.

Años después, Oistraj declararía que «la música nos ayudó a todos, músicos y público, a sobrevivir en aquellos momentos de gran conmoción, nos proporcionó alegría y orgullo por la resistencia de nuestro pueblo. La obra sonó como la confirmación profética de nuestra victoria sobre el nazismo».

La misma sinfonía sería interpretada y transmitida a través de la radio algunas fechas más tarde desde Moscú y desde Novosibirsk, en Siberia. Para muchos fue la primera vez que la escucharon. Shostakovich insistió hasta el fin de sus días en el orgullo personal que le producía saber que el estreno real se había producido en el Leningrado asediado... Finalizada la SGM, Oistraj continuó con su brillante carrera musical estrenando numerosas obras de compositores contemporáneos que a veces escribían directamente para que él las interpretara. Trabajó con colegas de la altura de Serguei Prokofiev, Aram Khachaturian, Mstislav Rostropovich o Herbert von Karajan y terminó convertido en uno de los principales representantes de la cultura soviética. En 1964 sufrió un ataque cardíaco del que logró recuperarse, pero diez años después, justo tras finalizar un ciclo de conciertos de Brahms en Amsterdam, un segundo ataque al corazón terminó con su vida.

Simo Häyhä, la Muerte Blanca

Uno de los principales temores en cualquier guerra contemporánea, sobre todo si se combate en un territorio ocupado al enemigo, es la presencia de francotiradores: especialistas en el disparo selectivo a larga distancia, camuflados en cualquier parte, que aparecen en el momento más inesperado. La SGM aportó una larga lista de expertos, la mayoría de ellos soviéticos y alemanes, pero el primero de la clasificación fue finlandés.

Finlandia tenía sus propias cuentas que saldar con la URSS: Moscú agredió a su vecino del noroeste durante el invierno de 1939 a 1940, tras exigirle que le entregara sin contrapartida alguna parte de su territorio para guarecer mejor Leningrado, que distaba poco más de 30 kilómetros de la frontera finesa. Contra todo pronóstico, David aguantó a Goliat y en la batalla de Suomussalmi, las pequeñas pero entrenadas tropas finlandesas derrotaron a fuerzas soviéticas que les superaban en una proporción de 5 a 1. Stalin aprendió varias lecciones de este fracaso, por ejemplo, la necesidad de despolitizar más el Ejército Rojo, sustituyendo a comisarios políticos por militares que conocieran su oficio. Sólo la superioridad numérica, una vez más, permitió a los soviéticos imponerse en la conocida como guerra de Invierno entre ambos países. Se firmó un armisticio de acuerdo con el cual Finlandia logró salvaguardar su independencia, perdiendo sólo pequeños fragmentos de su frontera: entre ellos, la región de Karelia alrededor del lago Ladoga, el objetivo inicial de la agresión.

En cuanto terminó la guerra, el Kremlin volvió a mirar hacia el suroeste, pero las autoridades finlandesas se juramentaron para recuperar los territorios perdidos y comenzaron a rearmarse de nuevo. Pocos días después de que Alemania invadiera la URSS, firmaron de inmediato una alianza militar con Berlín que desembocó en la que bautizaron como guerra de Continuación, para que quedara claro que su interés único consistía en recuperar los territorios arrebatados por Moscú.

En este teatro bélico actuó Simo Häyhä, un hombre sencillo que en su vida corriente se dedicaba a la pesca y la caza y que, durante la guerra de Invierno, sirvió en el 34 Regimiento de infantería del ejército finlandés. Sus mandos conocían su extraordinaria puntería, motivo por el cual le destinaron a labores como francotirador. Además, había nacido en la pequeña localidad de Rautjärvi, próxima a la actual frontera entre los dos países, con lo que conocía perfectamente el terreno.

Unidades finlandesas desplazándose por la región.

Simo Häyhä tras la guerra, con su uniforme de oficial.

Häyhä utilizaba una variante finlandesa del fusil soviético Mosin-Nagant sin mira telescópica, para que el reflejo del sol no le delatara, como sucedía con otros francotiradores. De pequeña estatura, apoyaba el arma sobre un montón de nieve compactada para asegurar el tiro y se cubría con un uniforme de camuflaje completamente blanco. Incluso se llenaba la boca de nieve para evitar ser traicionado por su propio vaho, ya que actuó con temperaturas que oscilaban entre los 20 y los 40 grados bajo cero.

De esta manera abatió a más de medio millar de soviéticos: la cifra oficial es de 505, pero lo impreciso de las informaciones desde el frente ha llevado a varios historiadores a elevarla hasta 540. La eficacia de Häyhä no se limitaba a su puesto de francotirador. Al fin y al cabo pertenecía a la infantería regular e intervino en diversos combates, en los que utilizaba su subfusil de reglamento Suomi KP/31. Con él mató a otros 200 militares soviéticos. Su leyenda aumentó con rapidez y pronto fue apodado por sus enemigos como *Belaya Smert* (*la Muerte Blanca*).

El mando soviético organizó varios planes para terminar con él, debido a sus crecientes pérdidas y al efecto psicológico que causaba entre las tropas, pero no pudo cazarlo. Paradójicamente, resultó herido por un tiro perdido: el 6 de marzo, poco antes del final de la guerra de Invierno, fue alcanzado en la cara por una bala explosiva que le destrozó la mandíbula y la mejilla izquierda. Sus compañeros le recogieron y le pusieron a salvo, aunque se encontraba en estado de coma. Despertó una semana más tarde, justo el mismo día en el que se firmó la paz entre Finlandia y la URSS. Tardó años en recuperarse del todo y además su rostro quedó completamente desfigurado. Por sus méritos, fue ascendido desde la graduación de cabo que tenía en el momento de ser herido a la de teniente segundo.

Gracias al cine, el francotirador más famoso de la SGM es Vasili Grigorievich Zaitsev, también conocido por su apodo de *Nievi*, que causó 242 muertos certificados (entre los cuales, 11 francotiradores alemanes) a las tropas de la *Werhmacht* y sus aliados en la batalla de Stalingrado. Era, al igual que Simo Häyhä, un hombre de campo dedicado a la caza desde pequeño, que había nacido en una pequeña localidad rural: Cheliabinsk en los Urales. Cuando comenzó la guerra ya era un experto tirador y también demostró ser un buen profesor pues se calcula que la treintena de francotiradores a los que entrenó personalmente durante el conflicto mataron a su vez a más de 3.000 militares enemigos.

El francotirador soviético Vasili Zaitsev.

Su mortal eficacia condujo al alto mando alemán a intentar cazarlo con sus propias armas. Zaitsev contaba en sus memorias que Berlín envió a Stalingrado a otro especialista: Heinz Thorvald, quien habría sido director de la escuela de francotiradores de las SS y tendría su propia cuenta personal de 456 blancos confirmados. Thorvald habría ocultado su nombre y su rango real por si caía en manos de los soviéticos actuando con la identidad de Edward König, mayor de la *Werhmacht*. Durante tres días ambos hombres se habrían buscado y enfrentado a muerte entre las ruinas de la fábrica Octubre Rojo. Zaitsev afirmó haber solicitado la ayuda de su amigo y también francotirador Nikolai Kulikov para urdir un plan en el que uno se hizo pasar por el otro y simuló haber sido herido por Thorvald, momento en el que este habría asomado la cabeza para contemplar su éxito y el soviético le disparó en la cabeza. Esta historia jamás ha sido confirmada y no hay pruebas de ella, ni en documentos alemanes ni en los soviéticos. Sin embargo, resultó un atractivo argumento, para rodar *Enemigo a las puertas*, película en la que Jude Law interpretó el papel de Zaitsev, mejorando notablemente su aspecto físico real.

La causa de Finlandia fue vista con simpatía por la opinión pública de Occidente, aunque tampoco en este caso el Gobierno británico, ni el francés, ni el norteamericano reaccionaron contra la agresión soviética como habían hecho contra la alemana en Polonia. El Ejército de los defensores fineses se vio reforzado, eso sí, por unidades de voluntarios extranjeros como daneses, noruegos y de otras nacionalidades. Curiosamente, entre ellos figuró el famoso actor británico Christopher Lee, primo de Ian Fleming, que detestaba el comunismo. Sin embargo, debido a su origen, nunca fue enviado a primera línea.

Aunque Finlandia fue aliada *de facto* de Alemania durante la guerra de Continuación, obtuvo un gran éxito diplomático al lograr que su enfrentamiento con la URSS fuera interpretado como una pieza separada y más bien irrelevante del conflicto general, lo que le permitió mantener su independencia como Estado después de 1945, en lugar de ser absorbida como los países bálticos o dominada como los del Este de Europa… En cuanto a Häyhä, con la paz regresó a su vida humilde en la naturaleza, cazando y criando perros, aunque mantuvo contactos esporádicos con varias personalidades finlandesas. Murió en 2002, a los 96 años de edad, en la aldea de Ruokolahti.

4

El Alamein. El *zorro* en el cepo

El escenario

En 1941, el ejército alemán había desembarcado en el norte de África con objeto de salvar el chapucero desempeño de las tropas italianas. Benito Mussolini soñaba con construir un imperio colonial en África y para ello había desplegado sus tropas en este continente, con resultados decepcionantes. Las sucesivas derrotas ante los británicos le llevaron a solicitar ayuda a Adolf Hitler y este mandó crear una fuerza específica de apoyo: el Deutsches Afrika Korps (DAK), comandado por el entonces teniente general Erwin Rommel, que se revelaría en este escenario como uno de los más brillantes comandantes del ejército alemán. Sus propios enemigos le impusieron dos apodos con los que se haría popular. El general británico Claude Auchinleck, que sufrió derrota tras derrota ante Rommel, ordenó que sus oficiales y tropa le llamaran *El enemigo*, sin mencionar su nombre, para que sus soldados no lo convirtieran en «una suerte de mago o guerrero invencible». Su sucesor, Bernard Montgomery y su equipo consolidaron una denominación que tuvo más fortuna: el *Zorro del Desierto* porque, a pesar de luchar siempre en inferioridad de condiciones, mantuvo en jaque a los británicos durante dos años hasta que tras las dos batallas de El Alamein fue finalmente expulsado de aquel teatro de operaciones. Desde el punto de vista germano, el frente norteafricano nunca fue prioritario: el DAK intervino por la necesidad de sus aliados italianos, pero los grandes recursos estaban destinados a la contienda contra la URSS. De ahí la escasez de tropas y, sobre todo, de suministros que padeció Rommel de forma endémica y que a la postre forzó su retirada.

Hans-Joachim Marseille: la Estrella de África

Hermann Göring fue un gran piloto y un reconocido as de caza durante la PGM, en la que llegó a comandar el famoso Circo Volante o Escuadrón Richtofen del Barón Rojo. Sin embargo, como organizador y estratega dejó mucho que desear. Lo demuestra la insuficiente actuación de la Luftwaffe en distintos períodos de la SGM, siendo así que la Fuerza Aérea alemana, que estuvo bajo su directa responsabilidad, disponía no sólo de algunos de los mejores aviones de su época sino de un auténtico rosario de pilotos de combate de una calidad excepcional… Uno de los más populares fue Hans-Joachim Walter Rudolf Siegfried Marseille, aunque sus amigos obviaban tan rimbombante nombre y le conocían como Jochen. Su impresionante labor se resume en la única palabra que se grabó sobre su tumba en el norte del continente africano: *Invicto*.

El apellido de Jochen era de origen francés ya que había nacido en una familia de militares de ascendencia hugonote. Tuvo una infancia y una adolescencia complicadas, pues sus padres se divorciaron y este hecho le descentró: se convirtió en un alumno perezoso, indisciplinado y rebelde, tan débil físicamente que estuvo a punto de morir por una gripe. Su padre había servido como oficial en la PGM y, tras una etapa en la Policía de Berlín, regresó al ejército en la SGM, donde alcanzaría el grado de general y acabaría muriendo en Bielorrusia en un enfrentamiento con partisanos en 1944.

Aunque no se sentía atraído por la vida militar, Jochen ingresó en la Luftwaffe para poder volar: su verdadera pasión. Pero su evolución en la academia de pilotos no fue muy prometedora. Una anécdota de las muchas que protagonizó cuenta que tras un largo vuelo de prácticas aterrizó antes de tiempo en un tramo despejado de una autopista, entre Brunswick y Magdeburgo, sólo para orinar. Algunos agricultores que observaron la maniobra acudieron corriendo pensando que el piloto se encontraba mal pero cuando llegaron a donde se encontraba, él había vuelto a subir a su aparato y estaba despegando, por lo que sufrieron el rebufo de la hélice. Informadas las autoridades militares por la indignada queja de los campesinos, los superiores del piloto le prohibieron volar durante un tiempo: el único castigo que parecía hacer mella en él. Precisamente por esta forma de actuar, se graduó seis meses más tarde que sus compañeros cadetes y con un rango inferior.

Su carácter empeoró por culpa de otras dos circunstancias: su reconciliación con su padre, quien le aficionó a la vida nocturna (alcohol y mujeres a diario redujeron notablemente su rendimiento) y el asesinato de su hermana menor, Ingeborg, a manos de un amante celoso (adquirió un carácter amargo y resentido).

Se estrenó en combate en la batalla de Inglaterra, donde consiguió siete victorias, aunque sólo pudo certificar tres con testigos debido a su imprudente afición a separarse del grupo y volar en solitario. Durante estos enfrentamientos fue alcanzado media docena de veces y perdió varios aviones, aunque siempre logró escapar saltando en paracaídas. Su hoja de servicios no auguraba nada bueno y fue trasladado a la base de Döberitz, próxima a Berlín. Desde allí y tras un breve paso por Yugoslavia fue enviado a África del norte donde llamó la atención incluso en el momento de su llegada, ya que el motor del caza que pilotaba falló cuando su escuadrilla se dirigía hacia el aeródromo del frente y se vio obligado a hacer un aterrizaje forzoso en el desierto. Tras varias peripecias, encontró un depósito de suministros ubicado en la carretera hacia el frente y, tras presentarse al comandante, le convenció de que debía llegar allí de inmediato porque era imprescindible en las operaciones del día siguiente. El alto oficial le cedió su coche con chófer para que llegara cuanto antes y, al despedirse, le dijo: «Puede usted agradecérmelo derribando cincuenta aviones enemigos, Marseille».

Y eso haría. Lejos tanto de los cabarets como de la disciplina cuasi prusiana que imperaba en los cuarteles europeos y arropado por la inmensidad del desierto norteafricano, Jochen pareció encontrarse a sí mismo y se transformó en un piloto de combate fiable y eficiente. En la escuadrilla JG-27, desarrolló sus propias tácticas de ataque y demostró ser un auténtico maestro del tiro con deflexión, lo que le condujo a sumar una victoria tras otra con regularidad pasmosa. Fue re-

Hans-Joachim Marseille, condecorado.

La táctica habitual de los cazas desde la PGM consistía en colocarse a cola del avión enemigo y, a la distancia adecuada, ametrallarle hasta su derribo. Marseille prefirió desarrollar su propio arsenal de maniobras, basadas en el cambio brusco de velocidad y en la precisión. Alcanzó así un extraordinario grado de compenetración con su avión. Según sus palabras: «es necesario saber disparar desde cualquier posición: en un giro a la izquierda o a la derecha, al rolar, sobre tu espalda..., siempre (...) hay que realizar una serie de acciones y movimientos imprevisibles, nunca hacer el mismo, lo que te permite (...) zambullirte en medio de un enjambre de enemigos y golpearles desde dentro».

Poseedor de una vista excepcional y de una puntería letal, su punto fuerte era el tiro con un gran ángulo de deflexión: disparar desde un lado del avión enemigo pero no directamente sobre este sino a un punto concreto por delante del mismo, de tal manera que el objetivo se «tropieza» segundos después con las balas. De esta manera desarrolló su *firma personal*: breves y mortales ametrallamientos que agujereaban los aeroplanos enemigos desde el morro a la carlinga.

compensado con el ascenso a teniente y la aparición estelar en los diarios y películas de propaganda. Los diarios alemanes le bautizaron entonces como la *Estrella de África* y fue elevado a la categoría de héroe popular. Hasta Mussolini se rindió a su carisma y le concedió la Medalla de Oro a la Valentía, una condecoración que, paradójicamente, el propio Rommel sólo recibiría en plata.

Gracias a su forma personal de combatir, se especializó en derribos múltiples de formaciones enemigas, sorprendidas al verse atacadas por un único piloto. En junio de 1942, por ejemplo, atacó él solo a una formación de 16 cazas británicos y derribó a media docena de ellos en pocos minutos. Tan espectaculares eran sus registros, en los que empleaba una media de sólo quince balas para derribar cada aparato enemigo, que su compañero de ala Rainer Pöttgen recibió el humorístico apodo de *Fliegendes Zählwerk* o *Contador de aviones derribados*, pues en la escuadrilla decían que Jochen no dejaba «trabajo» para nadie más. Su mayor éxito lo logró el 1 de septiembre de 1942, al derribar nada menos que diecisiete aviones en un solo día. Sólo un piloto, el también alemán Emil *Bully* Lang, consiguió superar este récord mundial al abatir más tarde 18 aviones soviéticos en el frente oriental.

Con semejantes cifras, el ya capitán Marseille se ganó los diamantes para su Cruz de Hierro de Caballero con Hojas de Roble y Espadas, pero nunca llegaría a recibirlos. Tras coquetear con la muerte durante tanto tiempo, esta le llegó de manera poco heroica el 30 de septiembre de 1942 por culpa de un fallo en el motor de su nuevo Messerschmitt BF 109 G-2/Trops. Dos días antes del suceso, Jochen había rechazado la petición del propio Rommel que, en conversación telefónica, le había comentado que Hitler iba a dar un discurso en el Sportpalast de Berlín y quería que ambos estuvieran presentes para mostrarles como héroes de la guerra en África. Pero la situación entonces ya era dramática para el DAK y el piloto adujo que era más útil en el frente derribando enemigos que en la retaguardia haciendo propaganda. El hecho cierto es que entonces los alemanes no contaban ni con setenta cazas disponibles para el combate, por los cerca de 800 con que volaban los británicos.

El mismo día del discurso de Hitler, Jochen ejercía de jefe de una escuadrilla de caza en misión de escolta a cazabombarderos Stuka. No hubo contacto con aviones enemigos pero, al regreso, el avión perdió potencia y altura mientras la cabina se llenó de humo. Una fuga de aceite que afectó al engranaje del diferencial provocó, según la investigación posterior, el drama. Sin visibilidad y respirando mal, Pöttgen y otros compañeros le guiaron por radio hasta sobrevolar territorio amigo. En ese momento se dispuso como en tantas ocasiones anteriores a saltar en paracaídas. Sus últimas palabras por radio fueron: «Voy a saltar ahora, porque no puedo aguantar más». Desorientado, el avión empezó a caer en picado por lo que, al desprender la carlinga, la fuerza del aire le empujó hacia atrás y se golpeó contra el estabilizador vertical del avión, antes de caer al suelo como un fardo.

A día de hoy se ignora si se mató al estrellarse contra el suelo del desierto o por culpa del impacto contra el estabilizador u otra parte del avión. Sí se certificó, al recuperar su cadáver, que ni siquiera había tenido tiempo para retirar el seguro en la apertura del paracaídas. Y aunque lo hubiera abierto, lo más probable es que tampoco se hubiera salvado, pues la tela, rasgada, presentaba un agujero de unos cuarenta centímetros.

La pirámide en honor de Marseille.

Sus compañeros en la base hicieron sonar en su honor una de sus melodías favoritas, *Rumba azul*, y fue enterrado en el cementerio de Héroes en Derna. En su memoria, los ingenieros italianos construyeron en el lugar donde murió una pequeña pirámide, que con el paso de los años se fue deteriorado. En octubre de 1989, su antiguo oficial jefe, Eduard Neumann, junto con otros supervivientes de su escuadrilla, erigieron con ayuda del gobierno egipcio una nueva pirámide que aún se puede ver allí hoy día para recordar a esta estrella fugaz de la Luftwaffe, que cerró su palmarés a los 23 años de edad con un total de 158 derribos.

Una de las peculiaridades de Jochen fue el hecho de contar con un asistente personal negro: el cabo Mathew Letulu, perteneciente a las unidades surafricanas del imperio británico, que había sido capturado en Tobruk en 1942, pero simpatizó con los integrantes de la escuadrilla y fue «adoptado» por esta con el nombre de Mathias. Jochen y Mathias se hicieron grandes amigos y el surafricano se ofreció a ser su asistente. Tras la muerte del piloto alemán, el desolado Letulu se puso al servicio de uno de sus compañeros, el capitán Franzisket, y siguió a toda la escuadrilla en su posterior retirada hacia Grecia. Más tarde, cuando la guerra ya marchaba muy mal para los alemanes, los pilotos supervivientes, de acuerdo con el propio Mathias, decidieron ingresarle en un campo de prisioneros de primera línea, para que fuera liberado por los británi-

Marseille indica a Mathias que sonría a la cámara para la foto.

cos y pudiera salvarse de la debacle final. Así sucedió, Mathew regresó a sus filas y sobrevivió al conflicto. En 1984, se reunió con sus antiguos camaradas en Alemania, donde fue declarado oficialmente miembro veterano del JG-27.

Werner Otto von Hentig y el informe sionista

Alemania pudo disponer de un inesperado y bizarro aliado que podría haber alterado el sentido de la guerra en África, si hubiera llegado a consolidar su acuerdo: el sionismo. A principios de 1941 y con las tropas de Rommel a punto de desembarcar en África, Franz von Papen, a la sazón embajador alemán en Ankara, la capital de Turquía, remitió un documento secreto a Berlín que incluía un interesante informe de un agente secreto ubicado en Damasco: Werner Otto von Hentig. En él se daba cuenta del interés de los grupos sionistas que trabajaban en «el movimiento de liberación de Israel» en contactar con el III Reich para colaborar en el «establecimiento de un Nuevo Orden en Europa» a cambio de la institución de un Estado judío en el protectorado británico de Palestina. Los sionistas estaban desencantados con los reiterados incumplimientos de Londres a su vieja promesa de crear un «hogar nacional judío» en torno a Jerusalén.

Von Hentig entendía que la cooperación era posible, teniendo en cuenta que, en uno de sus discursos, Hitler había insistido en la necesidad de emplear «cualquier combinación de coalición para aislar y vencer a Inglaterra». Además, el espía en Damasco aseguraba que la más activa de estas organizaciones, el llamado Lehi o grupo Stern, aparecía «estrechamente vinculado a los movimientos totalitarios en Europa, su ideología y sus estructuras». El Lehi incluía su propio mensaje firmado por el fundador de la organización, Abraham Stern, y uno de sus principales lugartenientes, Isaac Shamir (que firmaba entonces con el apellido de Yezernitsky), quien con el tiempo llegaría a ser primer ministro de Israel. El texto incluía sorprendentes frases como la siguiente: «En la filosofía de los conceptos, nos identificamos con ustedes. ¿Por qué no colaborar entonces unos con otros?».

En los años ochenta del pasado siglo XX, Israel Eldad, que fuera uno de los jefes históricos del Lehi, confirmó la autenticidad de esta documentación. Los sionistas intentaron convencer a Berlín de que «una solución radical de la cuestión judía implica una evacuación de masas judías de Europa» pero «esto no es posible si no se instala a esas masas en Palestina, en un estado judío con sus fronteras históricas». Stern y Shamir insistían en que ése había sido «el objetivo de la actividad política durante largos años de lucha del Lehi y del Irgún» por lo que planteaban «conociendo la posición benévola del gobierno del Reich» que «sería posible la cooperación entre la nueva Alemania y una nación hebraica renovada». Su precio era el «establecimiento del Estado histórico judío sobre una base nacional y totalitaria unida por un tratado al Reich alemán, que podría contribuir a mantener y reforzar en el futuro la posición de Alemania en el Oriente Medio». Si se llegaba a ese acuerdo, «el Irgún ofrece participar en la guerra al lado de Alemania».

El joven Abraham Stern.

Aunque, con la actual perspectiva histórica, la oferta sionista parezca aberrante, en su época tenía sentido. Entonces no existía Israel como un Estado, y diversas facciones judías buscaban su propio camino para lograrlo. En el caso del sionismo, sus dirigentes estaban dispuestos a aliarse con el Diablo. De hecho, habían tomado contacto con Benito Mussolini en fecha tan temprana como 1922, y en octubre de 1927 el dictador italiano prometió a Nahum Goldman, luego presidente del Congreso Mundial Judío: «Os ayudaré a crear el Estado judío». Además, uno de los objetivos básicos declarados por el III Reich era «liberar a Europa del elemento judío», aunque fuera enviándolos a un país de nueva creación. Antes del informe de Von Hentig la causa sionista había sido contemplada hasta con simpatía por algunos dirigentes alemanes, pues planteaba una posibilidad real de colaboración, como demostró la fundación de la Haavara Company en Tel Aviv, que colaboró con la Paltreu de Berlín para la emigración desde Alemania a Palestina. El más conocido de los filósofos y teóricos nacionalsocialistas, Alfred Rosenberg, escribió en 1937 que «el sionismo debe ser vigorosamente sostenido a fin de que permita llevar a Palestina contingentes anuales de judíos alemanes». Y dos años antes, había sido Reinhard Heydrich, uno de los principales dirigentes de las SS y mano derecha de Himmler, quien escribía en la revista oficial de la Orden Negra que «debemos dividir a los judíos en dos categorías: los sionistas y los partidarios de la asimilación. Los sionistas (...) ayudan a edificar su propio Estado judío (...) por tanto, nuestros mejores votos y nuestra buena voluntad oficial para ellos».

Diversos investigadores judíos han tratado el tema de esas dos categorías, como David Yisraeli en su *Le problème palestinien dans la politique allemande de 1889 a 1945*, y han criticado severamente a los dirigentes sionistas. Frente a la actitud decidida del presidente de la Agencia Judía Charles Weizmann y otros líderes del pueblo hebreo que se pusieron públicamente al lado de los Aliados, Lucy Dadwidowicz recoge, por ejemplo, en su *A holocaust reader* un memorándum de la Federación Sionista de Alemania dirigida al Partido Nacional Socialista en junio de 1933 con afirmaciones como «...creemos en la posibilidad de relaciones leales entre los judíos conscientes de su comunidad y el Estado alemán (...) en el caso de que los alemanes aceptaran esta cooperación, los sionistas se esforzarían en convencer a los judíos del extranjero a que renunciaran a participar en el boicot contra Alemania...». La propia Hanna Arendt, en *su Eichman en Jerusalén*, muestra la pasividad e incluso la complicidad de los *Judenrat* o consejos judíos (dos tercios de los cuales estaban compuestos por sionistas) con el III Reich. Y en su *Autobiografía*, Nahum Goldman recuerda su entrevista con el dirigente checo

El grupo de Stern era el último eslabón de una cadena de combatientes judíos en Palestina. En 1909, y continuando con una tradición de autoprotección que llegaba de su hogar anterior en Rusia, un pequeño grupo de inmigrantes judíos fundan Hashomer (*El vigilante*) para defender sus asentamientos de los ataques de los pobladores árabes originales, que no les querían en la zona. Hashomer desapareció al nacer en 1920 Haganá (*La defensa*), dotado con el mismo espíritu de autoprotección. Su principal impulsor fue Vladimir Jabotinsky, que había participado también en la creación de la Legión Judía: voluntarios sionistas que lucharon junto al Reino Unido contra el Imperio Otomano en la PGM a cambio de la promesa de asentar a los judíos en Palestina. De Haganá nacería Tsahal, las actuales Fuerzas Armadas de Israel.

Una escisión de Hashomer fue Irgún, abreviatura en hebreo de Organización Militar Nacional en la Tierra de Israel, que actuó entre 1931 y 1948 organizando actos violentos de todo tipo que condujeron al Mandato Británico de Palestina a calificarla de «organización terrorista». El actual partido israelí Likud deriva de esta organización. Finalmente, una escisión de Irgún condujo al Lehi, acrónimo en hebreo de Luchadores por la Libertad de Israel, fundado por Abraham Stern, quien fue detenido por la policía británica y ejecutado en febrero de 1942.

En la película *Éxodo* de Otto Preminger se recrean parte de los hechos protagonizados por algunos de estos ideólogos del sionismo.

El emblema del Irgún.

Eduard Benes, quien le reprochó que los sionistas rompieran el boicot a Hitler, por lo que «jamás me sentí tan desgraciado y avergonzado como durante aquellas dos horas... Sentía en todas las fibras de mi ser que Benes tenía razón».

¿Qué hubiera sucedido si Alemania hubiera aceptado la oferta de colaboración sionista? ¿Podría haber mejorado sustancialmente la situación de las tropas de Rommel en el norte de África y facilitar su avance hasta Oriente Medio? Nunca lo sabremos, pero varios investigadores israelíes concluyen que Berlín jamás llegó a tomar en serio las propuestas de Stern y Shamir. Por muy sionistas que fueran, seguían siendo judíos y la envergadura de la cooperación que planteaban excedía lo factible. Si quedaba alguna posibilidad de acuerdo, se truncó ese mismo año de 1941: en junio, soldados aliados detuvieron al enviado especial del Lehi, Neftalí Loubentchik, en la oficina de Von Hentig en Damasco. Seis meses más tarde, Shamir fue también detenido por los británicos acusado de terrorismo y colaboración con el enemigo.

Georg Gärtner y la fuga más larga

Georg Gärtner fue uno de los soldados alemanes encuadrados en el DAK. Llegó al norte del continente africano convencido de que allí lucharía con más comodidad que en el frente del este pero pronto comprobó que la arena podía entorpecer el avance y estropear las armas igual que la nieve, y que el calor excesivo podía ser tan mortífero como el frío intenso. Pese a ello, las sucesivas victorias del contingente encabezado por Rommel en Gazala, Tobruk y Mersa Matruh mantenían la moral elevada. Las tropas germanoitalianas se plantaron a las puertas de Egipto y el canal de Suez parecía a su alcance; si lo hubieran tomado, habrían estrangulado una de las principales vías de comunicación marítima de los Aliados.

Al final, el número se impuso y los soldados alemanes se replegaron hacia Túnez. Los que no pudieron embarcar a tiempo de regreso a Europa, cayeron prisioneros. Entre ellos, Georg Gärtner. Como otros alemanes, fue trasladado a un campo de concentración en EE.UU., donde pasó el resto de la guerra. Lo interesante de su historia comenzó entonces. Él había nacido en Schweidnitz, una pequeña localidad de la Baja Silesia.

Rommel dirigiendo las operaciones del DAK.

Esta provincia germana, junto con el resto del este de Alemania fue «regalada» a Polonia al final de la SGM para compensar al nuevo gobierno de Varsovia por toda la tierra polaca que los soviéticos habían invadido al comienzo del conflicto y que se negaron a su vez a devolver a sus legítimos dueños (la famosa «reunificación» de las dos Alemanias en 1990 fue incompleta: ese año se unieron la Alemania del Oeste —RFA— con la Alemania del Centro —RDA— pero no con la Alemania del Este —actualmente anexionada por Polonia—). Gärtner estaba al corriente de los saqueos, violaciones y asesinatos que el Ejército Rojo cometía en su avance hacia Berlín, aunque los Aliados sólo dieran publicidad a los crímenes de guerra de algunas unidades alemanas. Por ello no deseaba regresar a su tierra natal, ahora bajo control del gobierno comunista polaco.

En septiembre de 1945, no había cumplido todavía los 25 años de edad y no estaba dispuesto a regresar a un mundo de ruinas y desolación en el que todo lo que había conocido y amado ya no existía. Prefería labrarse un futuro en un país nuevo y, ya que estaba en América, decidió quedarse en este continente. No obstante, el Gobierno norteamericano había ordenado deportar a todos los prisioneros germanos de regreso a Europa. Gärtner optó por fugarse del campo en el que se encontraba, en la Base Aérea de Deming, en Nuevo México.

A la primera oportunidad, saltó la valla y se internó en el desierto. Pese a los esfuerzos de las autoridades estadounidenses, su pista se per-

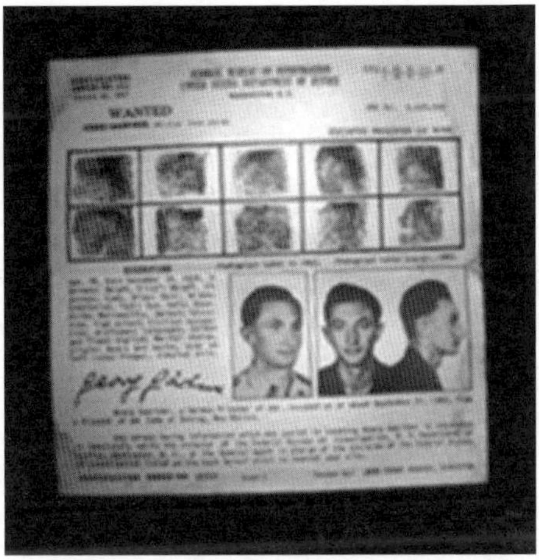
WANTED

La ficha de búsqueda de Gärtner.

dió con inusitada rapidez. Los administradores de Deming pensaban que el árido y estéril territorio que rodeaba el lugar suponía un importante elemento disuasorio para posibles fugas pero, para un veterano de la guerra en el desierto africano que llevara consigo un mínimo de equipo pacientemente recopilado durante su cautiverio, la supervivencia no resultaría tan complicada. De hecho, no lo fue. Georg Gärtner consiguió atravesar el desierto y durante años vagabundeó por territorio norteamericano, siempre hacia el norte, hasta que llegó al vecino Estado de Colorado. Allí finalmente se estableció en la localidad de Boulder, donde trabajó en diversos oficios: desde contratista de obras hasta profesor de tenis. Se casó y residió sin problema alguno durante cuarenta largos años.

Mientras tanto, las autoridades militares pusieron su fuga en conocimiento de las policiales, que encargaron el caso al FBI. Varios agentes le siguieron la pista durante años, pero en 1963 tiraron la toalla y le dieron por desaparecido, limitándose a partir de entonces a incluirle en las listas periódicas de personas más buscadas.

En 1985, Bryant Gumbel, un conocido periodista de la cadena de televisión NBC, recibió la visita de un hombre de avanzada edad llamado Dennis Whiles que le ofrecía una gran exclusiva. Whiles quería saber cuánto dinero le podrían pagar por la información: contaba con el asesoramiento de un abogado y un experto en relaciones públicas. Cuando llegaron a un acuerdo, le reveló su verdadera identidad. Whiles era el seudónimo que Gärtner había utilizado durante años para esconder su secreto, que finalmente había decidido hacer público, no porque se sintiera incómodo con él sino por rentabilizar la historia de su vida como habían hecho tantos supervivientes de la SGM. Su propia esposa había ignorado todo lo relativo a su larga fuga hasta que él se lo había contado el año anterior.

Ese mismo año publicó *Hitler's last soldier in America* (*El último soldado de Hitler en América*), libro que se vendió muy bien. Pero al confirmarse su identidad, se planteó un inusitado problema legal: Gärtner no sólo estaba fuera de la ley sino que figuraba entre los perseguidos por el FBI. No obstante, no se le podía acusar de inmigración ilegal, puesto que había entrado en EE.UU. como prisionero, en contra de su voluntad. Era cierto que se había fugado, pero ese es siempre el deber de los prisioneros de guerra, de una guerra que había terminado mucho tiempo atrás. Además, todos aquellos años los había empleado como si fuera un ciudadano norteamericano más: trabajando, pagando sus impuestos y sin que se le conociera un solo problema con la ley.

Al final, y tras un complejo galimatías judicial, todos los cargos contra él quedaron retirados y se le concedió oficialmente la ciudadanía estadounidense en el año 1989. Una de las primeras cosas que hizo una vez tuvo sus documentos en regla fue volver a Alemania, donde, además de asombrarse ante los cambios que se habían producido en su país de origen, se le informó de que tenía derecho a una compensación económica del Estado por el tiempo que había estado preso en Estados Unidos. A día de hoy, Gärtner sigue residiendo tranquilamente en su casa de Boulder, donde lo único que ha cambiado es su nombre en el buzón de correo.

Giovanni Corsini y la Carrera de las burlas

La invasión de Abisinia (o Etiopía) era uno de los puntos fuertes del plan imperialista de la Italia del Duce. La invasión en 1936 de este país africano, que ofrecía prometedores recursos y una débil defensa, resultó sencilla. Muchos nativos incluso la apoyaron, pues no tenían un sentido real de nación como los europeos, y, además, gracias a los italianos, sus condiciones de vida mejoraron espectacularmente. Y es que tras los soldados llegaron los colonos: cerca de 50.000 italianos dispuestos a prosperar

Las aspiraciones coloniales de Italia se remontan a finales del siglo XIX, apenas dos decenios después de la unificación del país en 1861, cuando instala sus primeros colonos en Eritrea y Somalia. En los años veinte del siglo XX, se completa la conquista de Libia. Con Mussolini se desarrolla la invasión y control de Abisinia y Etiopía.

Tras la rápida victoria, que supuso la coronación del rey de Italia Víctor Manuel III como emperador de Etiopía, las colonias del Cuerno de África fueron reorganizadas y reunidas con el nombre de Virreinato del África Oriental Italiana.

El tratado de paz firmado en 1947 supuso para Italia la pérdida de todas sus colonias, aunque mantuvo aún la administración de su territorio somalí hasta 1960. Los africanos no fueron los únicos países que ambicionaba Mussolini, quien también invadió, con objeto de incorporar a su nuevo imperio, Albania, Montenegro y parte de Grecia.

Cartel propagandístico del nuevo imperio italiano.

en la aventura africana, que modernizaron todo el territorio, construyendo carreteras, hospitales, una administración política en condiciones, etc. Entre ellos figuraba Giovanni Corsini, un florentino que pertenecía a una de las más conocidas familias de la nobleza toscana. Alto, rubio y de ojos azules y hablando inglés a la perfección, Corsini llamaba la atención por su aspecto británico. En Etiopía, fundó una sociedad maderera que no sólo tuvo gran éxito comercial sino que se convirtió en muy popular entre los africanos, ya que daba trabajo a millares de ellos.

En junio de 1940, los colonos recibieron con esperanza la entrada oficial de Italia en la guerra. Alemania, su mejor aliado en Europa, sumaba sus intervenciones militares por victorias y sin duda les ayudaría a consolidar el ansiado imperio colonial. Las tropas italianas, muy crecidas, trataron de llegar al canal de Suez, pero fueron frenadas por los británicos, que contraatacaron invadiendo Etiopía. Los italianos rindieron su capital, Addis Abeba, en abril de 1941, y todo el país con ella. Los soldados italianos y muchos de los colonos fueron conducidos a los campos de concentración ingleses ubicados en Kenia y en la India, ya que Gran Bretaña no disponía de personal suficiente para atender a tantos prisioneros en la zona.

Entre los aproximadamente 150.000 prisioneros de guerra que ingresaron en los campos keniatas de reclusión figuraba el entonces teniente Corsini, que acariciaba la idea de evadirse casi desde el momento de su arresto. Los británicos no eran demasiado estrictos con la vigilancia de los prisioneros, pues confiaban en los centenares de kilómetros de jungla y animales salvajes que rodeaban los asentamientos civilizados y que terminarían con cualquier insensato que tratara de escapar, si es que el hambre o la sed no lo hacían antes. No obstante, Corsini preparó un plan de fuga junto con otros cuatro compañeros: robarían un vehículo y un uniforme de oficial británico para él, además de otro uniforme de sargento para otro italiano que también hablaba bien el inglés. Así podrían representar el papel de dos militares del Reino Unido trasladando a tres prisioneros italianos. Una vez motorizados, huirían hacia la capital de Kenia, Nairobi, donde abandonarían su vehículo y robarían otro más veloz y potente. Mientras los británicos les buscaban en la populosa ciudad, ellos escaparían hacia el sur, en dirección a Tanganica (hoy, Tanzania) y, de ahí, a la entonces colonia portuguesa de Mozambique, donde estarían a salvo.

Prisioneros italianos en África.

Para esconderse de los ingleses en Nairobi, mientras se apoderaban del segundo vehículo, Corsini planteó una apuesta arriesgada: entrarían en el campo de prisioneros allí instalado y se harían pasar por presos del mismo. Lograron enviar un mensaje a los verdaderos reclusos de la zona para comunicarles sus planes y garantizarse su ayuda. La solidaridad entre los italianos en los distintos campos era muy elevada y algunos se tomaban los intentos de fuga como una especie de deporte de riesgo que les entretenía y que merecía la pena fomentar.

Corsini y sus compañeros robaron un camión y escaparon rumbo a Nairobi, donde, siguiendo su plan, se refugiaron entre los internos de su campo de prisioneros. Los reos italianos les recibieron con euforia pero también con una decepcionante noticia: no habían conseguido la gasolina y las vituallas que les habían pedido en su mensaje para garantizar el éxito de la huida. Durante cerca de un mes, los fugados permanecieron escondidos junto a los prisioneros reales mientras los británicos les buscaban infructuosamente en Nairobi y sus alrededores.

Tras varias intentonas fracasadas, el grupo del teniente Corsini pasó al fin a la segunda fase del plan: tras robar un viejo camión Chevrolet iniciaron la huida hacia Mozambique. No tenían mucho combustible, pero la noticia de su fuga corrió de campo en campo y los presos de cada uno les fueron escondiendo en distintos puntos de su ruta los bidones que podían robar a los ingleses, a fin de que pudieran repostar con relativa regularidad. En el camino, afrontaron distintas averías y pinchazos mientras eludían los convoyes militares y los controles de carretera con la mayor naturalidad posible. Así cruzaron la frontera con Tanganica y afrontaron la última etapa del viaje hasta Mozambique, unos 2.000 kilómetros, aunque a partir de ese momento debían apañárselas por sí mismos, pues en esta zona no había campos de prisioneros.

Corsini mostró entonces sus mejores cualidades como actor, pues la única manera de conseguir gasolina para continuar su viaje era pedirla directamente a otros vehículos británicos que encontraran sobre la marcha. En cierta ocasión que un oficial se la negó, Corsini montó en aparente cólera afirmando que pertenecía al Departamento de Investigación Criminal y amenazándole con abrirle un expediente: su representación fue tan exitosa que el oficial reculó y le entregó varios bidones de inmediato. Los italianos incluso actuaron como carteros de un mayor británico que les pidió que entregaran una carta personal aprovechando que su viaje les llevaría junto a la población donde vivía el destinatario.

Cuando apenas se hallaban a 40 kilómetros de la frontera, encontraron una columna del ejército británico estacionada junto a la carretera. El pánico cundió entre Corsini y los suyos porque, si la sobrepasaban, el teniente tendría que presentarse por fuerza al oficial al mando para explicar la naturaleza de su viaje y, a aquellas alturas, resultaba ciertamente complicado explicar a dónde se dirigía con esos presos italianos. La perspectiva de que la evasión fracasara cuando estaba tan cerca de llegar al final deprimió profundamente a los italianos. Sin embargo, la diosa Fortuna les ayudó: el capitán que dirigía la columna o era novato o no tenía ganas de confraternizar con otros oficiales y, disculpándose ante los huidos por estorbar en la carretera, hizo apartar a los vehículos para dejarles paso libre, sin más preguntas.

Alcanzaron la frontera y Corsini se explayó con otra de sus grandes actuaciones. Bajó del camión para dirigirse sin prisa hacia la comandancia buscando sus papeles mientras los soldados de guardia, para adelantar la gestión, iban levantando la barrera. En cuanto esta estuvo en el aire, Corsini dio la vuelta corriendo, se subió al vehículo y este aceleró. Los italianos, eufóricos y emocionados, se internaron en Mozambique festejando su éxito. Después Corsini se deshizo de las ropas británicas que había llevado durante aquellas largas semanas, consciente tal vez más que nunca de que podría haber sido fusilado si les hubieran detenido por el delito de vestir un uniforme enemigo.

Una vez ante la autoridades coloniales portuguesas en Mozambique, el cónsul italiano en el país les gestionó un permiso de residencia en la ciudad de Lourenço Marqués y prometió que haría lo posible para que pudieran reencuadrarse en alguna de las unidades militares que combatían, bien en el norte de África junto a los alemanes de Rommel, bien en Europa. No obstante, el gobierno italiano no disponía de medios para transportar a cinco de sus oficiales, atrapados en una región tan lejana del sureste del continente africano rodeada de colonias británicas y en unas aguas surcadas casi exclusivamente por buques de los Aliados.

El teniente Corsini y sus compañeros tuvieron que conformarse, muy a su pesar, con aguardar en Mozambique la oportunidad de salir de allí, aunque esta no se presentó hasta el final de la SGM. No estuvieron ociosos: iniciaron varias aventuras comerciales, de manera que cuando Corsini regresó por fin a Italia en 1946 y vio la Europa en ruinas que había dejado tras de sí la contienda, decidió regresar a África y continuar con sus negocios allí. Vivió en Mozambique durante treinta años, hasta que la antaño colonia lusa se independizó en 1976. Sólo entonces trasladó su residencia definitiva a Florencia.

La historia de Corsini es conocida en Italia como la Carrera de las burlas: las burlas sucesivas de todos los británicos con los que se fueron encontrando los fugados sin que nadie los reconociera. Fue publicada en detalle en marzo de 1970 por el diario italiano *Corriere della Sera*.

5

El Atlántico. «¡Hundid el *Bismarck*!»

El escenario

La superioridad naval de los Aliados durante toda la guerra fue aplastante. Ya en septiembre de 1939, la suma de los barcos de la Royal Navy y la flota francesa era de casi 700 buques de guerra y 135 submarinos, mientras la Kriegsmarine apenas contaba con 54 naves y 57 submarinos. Como es obvio, el primer frente construido por los Aliados fue el océano, donde montaron un sistema de bloqueo absoluto contra Alemania para impedir la llegada de víveres y materias primas. En 1941, la flota británica destruyó la joya de la Marina alemana: el acorazado *Bismarck*. Ante la escasez de naves de superficie, el esfuerzo germano se centró entonces en la guerra de submarinos, donde ya en la PGM demostró su maestría. El almirante Karl Dönitz había propuesto el Plan Z para modernizar la flota. Su intención era contar con suficientes navíos para poner en práctica la táctica Rudel o de Manada, popularmente «la Manada de Lobos». Consistía en dispersar a todos sus U-Bootes por las rutas empleadas por los convoyes británicos. Cuando un submarino detectara una presa, lo comunicaría por radio a los demás y todos convergerían en la zona para interceptarlo a la vez en un ataque nocturno. Nunca llegó a disponer de suficientes naves para que su estrategia tuviera éxito completo, pero sí atemorizó a las autoridades británicas con los éxitos parciales de osados capitanes como Otto Kretschmer o Günther Prien, que causaron severos problemas de abastecimiento al Reino Unido con el ataque a sus mercantes armados. A principios de 1944, la superioridad técnica aliada con el desarrollo de modernas cargas de profundidad, mejoras en el sonar o aviones cazasubmarinos que localizaban fácilmente a los «lobos» con su radar, había provocado un número de bajas del 75% de los U-Bootes y la batalla del Atlántico se dio por finalizada.

Ernst Lindemann y la persecución del *Bismarck*

La guerra llegó demasiado pronto para la Kriegsmarine, que aún estaba en fase de renovación y reacondicionamiento cuando estallaron las hostilidades. A juzgar por el rendimiento de sus escasos buques, esta circunstancia puede considerarse afortunada para los Aliados, ya que si la Marina alemana hubiera estado integrada por la flota prevista por su almirantazgo es muy probable que el resultado de la batalla del Atlántico, y aun de la guerra entera, hubiera sido otro.

Ejemplo del poderío que no llegó a materializarse en la realidad fue el *Bismarck*, primero de los dos acorazados de la clase del mismo nombre, llamado así en honor del canciller Otto von Bismarck, quien consolidó la unificación alemana en 1871, y gemelo del *Tirpitz*. Botado en los astilleros de Hamburgo en febrero de 1939, en una ceremonia en la que fue bautizado por Dorothee von Löwenfeld, la nieta de Bismarck, no estuvo sin embargo listo para el servicio hasta agosto de 1940 y aun entonces hubiera necesitado un período más de prueba para desarrollar algunas de sus capacidades. Pese a ello, era el acorazado más grande jamás construido en Alemania y uno de los buques de guerra más impresionantes del mundo, en su época. Sólo llegó a navegar durante ocho meses, participando en una única operación ofensiva: la Rheinübung en mayo de 1941.

Ernst Lindemann fue nombrado comandante del barco tras una impecable hoja de servicios de más de 26 años en la Kriegsmarine. Nacido en Altenkirchen en 1894, era un experimentado capitán de navío especializado en artillería que había participado también en la PGM ejerciendo varios mandos importantes. La tripulación le respetaba por su rigor y capacidad de trabajo, su liderazgo y su trato cercano con los marinos. Lució con orgullo su condición de comandante de un acorazado tan poderoso que, delante de él, nunca debía ser llamado en femenino, como «la nave» sino en masculino, como «el buque».

Con su eslora de 251 metros, su manga de 36 y su calado máximo de menos de diez metros, el Bismarck podía desplazar hasta 50.000 toneladas a plena carga a una velocidad máxima de 30 nudos. Disponía de un armamento impresionante que incluía 8 cañones de 380 milímetros ubicados en dos torretas gemelas apuntando a proa (cada una con su nombre: Anton y Bruno) y otras dos hacia popa (César y Dora). Las baterías secundarias eran una docena de cañones de 150 milímetros, otros 16 de 105 y 16 más de 37. Eso, sin contar la defensa antiaérea, con otra docena de cañones de 20 milímetros: un auténtico parque de artillería flotante.

Su tripulación estándar incluía un centenar de oficiales y unos 2.000 marineros agrupados en 12 divisiones de unos 200 hombres cada una. El buque era una especie de ciudad en miniatura que contaba no sólo con experimentados marinos y artilleros sino también con profesionales de todo tipo, desde carpinteros hasta cocineros, pasando por fontaneros y especialistas en radio. Tenía hasta periódico: *Die Schiffsglocke* (*La campana del barco*), elaborado por Gerhard Junack, jefe de ingenieros.

Vista frontal del *Bismarck* navegando.

Lindemann pasa revista a la marinería a bordo del *Bismarck* en agosto de 1940.

Si Lindemann hubiera contado con libertad completa de movimientos, tal vez el destino del *Bismarck* hubiera sido otro, pero para su infortunio en mayo de 1941 subió a bordo su superior, el almirante Günther Lütjens, que también quería disfrutar personalmente del nuevo orgullo de la Marina alemana. Lütjens era un hombre monolítico, autoritario y estrecho de miras, carente del necesario dinamismo para improvisar soluciones sobre la marcha, que impuso su rango sobre el de Lindemann en agrias discusiones en los momentos clave de la exigua vida del acorazado, y no para bien.

La primera y única misión que recibió el *Bismarck* consistía en dirigirse al Atlántico en compañía del crucero pesado *Prinz Eugen*, para unirse allí a los dos acorazados clase Schanhorst que partirían desde las costas normandas. Todos juntos, tratarían de interrumpir el aprovisionamiento norteamericano de armas y pertrechos al Reino Unido. Si se conseguía el bloqueo de las islas británicas, Londres no tendría más remedio que aceptar negociaciones de paz.

La operación debía comenzar a finales de abril de 1941, pero diversas complicaciones la retrasaron, incluyendo las reparaciones de los Schanhorst. Impaciente por probar el *Bismarck* en acción real, Lütjens decidió no esperar a formar una flota más fuerte y ordenó la partida del acorazado junto al crucero pesado. A finales de mayo, ambos buques se dirigían hacia los estrechos daneses con intención de salir del mar Báltico hacia el mar del Norte y, a través del Ártico, desembocar en el Atlántico norte. Acompañados por varios destructores y dragaminas, además de una escolta aérea, llegaron a las costas de Noruega, donde, tras aprovisionarse, continuaron su viaje en solitario.

Un crucero sueco les descubrió e informó de su posición. La noticia llegó a Londres y el almirante inglés John Tovey puso en alerta a la Home Fleet: conformó un grupo improvisado para atacar a los dos barcos, contando con el crucero *HMS Hood*, uno de los más importantes de su flota, además del acorazado *Prince of Wales* y media docena de destructores. Todos ellos debían unirse con otros dos cruceros que, tras detectar la presencia alemana, los seguían ya a distancia.

El 24 de mayo a primera hora, los británicos alcanzaron a los alemanes y les dispararon. Estos respondieron con toda su potencia y en pocos minutos el *Hood* se fue a pique y el *Prince of Wales* resultó severamente dañado y se retiró. Lütjens evitó que el *Bismarck* persiguiera y rematara al segundo barco británico, como quería Lindemann. El intercambio de disparos produjo daños en principio menores, que incluían una vía de agua en la proa junto a los tanques de combustible y que empezó a dejar un reguero de fuel sobre la superficie del mar. El almirante ordenó dirigirse al puerto de Saint Nazaire en la Francia ocupada para repararlo. Ante la presencia de numerosos buques británicos en la zona, el *Bismarck* y el *Prinz Eugen* se separaron para intentar llegar cada uno por su lado.

Tovey, enfurecido por la rápida victoria del *Bismarck*, convocó a todos sus barcos en el Atlántico para que se unieran a la persecución, cada cual desde su zona. Unos cuarenta, entre acorazados, portaaviones, cruceros y destructores, pusieron proa al lugar para cazar y hundir al acorazado que, durante los días siguientes, tuvo sucesivos y exitosos encontronazos con varios buques de guerra británicos y con sus aviones torpederos. A pesar de los daños menores recibidos, consiguió resolver todos los peligros e incluso logró despistarlos y perderse en el océano para desesperación de Tovey. Entonces, Lütjens cometió un grave error al mandar mensajes por radio al Grupo Naval Oeste con base en París para advertirle de que navegaban hacia Saint Nazaire y solicitar escolta. Los británicos interceptaron esos mensajes y, al fin, un hidroavión le descubrió al noroeste de Brest: un día más y hubiera podido llegar a puerto.

Con su velocidad reducida por los daños de proa, el *Bismarck* fue alcanzado por la flotilla británica atracada en Gibraltar y desplazada también al lugar. Este grupo naval estaba liderado por el portaaviones *HMS Ark Royal*. Sus torpederos Swordfish sólo fueron capaces de acertar al *Bismarck* con dos proyectiles, pero uno de ellos fue mortal, ya que destrozó el timón de babor y a partir de ese momento el acorazado sólo pudo navegar en amplios círculos, sin posibilidad de avanzar. Varios buques de guerra convergieron entonces en la zona encabezados por el acorazado *HMS King George V*, con Tovey a bordo, y comenzó el duelo, aunque en realidad tuvo más de simple tiro al plato porque el *Bismarck* había perdido toda capacidad de maniobra.

Hacia las 10:30 de la mañana del 27 de mayo, los barcos británicos habían disparado unos 2.800 proyectiles de todo tipo contra el solitario buque alemán y tan sólo habían acertado 400. Además, aunque habían reducido la cubierta a un montón de escombros e incendios, fueron incapaces de hundir el orgulloso acorazado. Para evitar que fuera finalmente capturado, los pocos oficiales que no habían muerto, como Hans Oels o el citado Gerhard Junack, se encargaron de ordenar a los marinos que abandonaran el barco tras colocar cargas explosivas para mandarlo a pique. Uno de los pocos supervivientes relató que cuando el *Bismarck* se hundió definitivamente pudo ver a Lindemann, todavía vivo, subir hasta el torrotito en el extremo de la proa, donde aguantó en posición de firmes mientras el buque era tragado por el océano.

Minutos después, unos 400 marinos alemanes flotaban en el agua con sus chalecos salvavidas. Sólo dos barcos británicos quedaron en la zona para rescatarlos, pero tras recoger apenas unas docenas de hombres huyeron ante una falsa alarma de submarino y condenaron así a la muerte a los que aún permanecían en las frías aguas del Atlántico. De 2.200 hombres que habían partido días antes en el *Bismarck*, sólo sobrevivieron 114.

La Armada Española, a petición alemana, envió también auxilio. El crucero *Canarias* partió de Ferrol el mismo 27 de mayo, pero cuando llegó a la zona dos días después sólo pudo rescatar los cadáveres de algunos marinos.

Werner Hartenstein y el hundimiento del *Laconia*

Durante la guerra submarina de la batalla del Atlántico, el almirante Dönitz cursó una orden que vista en retrospectiva puede parecer muy

Hartenstein, en un momento de tranquilidad.

cruel. Decía que «toda tentativa de salvamento de personal de buques hundidos, así como el rescate de los que estén nadando, la recogida a bordo de los que se hallen en botes salvavidas o su remolque y la asistencia con víveres y agua quedan completamente prohibidos. El salvamento de estos supervivientes se opone a la superior exigencia de la acción bélica, cuyo fin único es la destrucción de los buques y las tripulaciones del enemigo».

¿Por qué lo hizo? Por la reacción de los Aliados tras el hundimiento del *Laconia*.

Gustav Julius Werner Hartenstein era el comandante del submarino U-156, al frente del cual hundió una veintena de barcos con sus cerca de 98.000 toneladas de carga, además de dañar varios más, incluyendo un destructor. Hombre de carácter metódico, fue condecorado con la Cruz de Hierro en su grado de Caballero.

Nada más caer el sol el 12 de septiembre de 1942, el U-156 torpedeó frente a la costa occidental africana a un buque británico que había descubierto horas antes. Se trataba del *Laconia*: un buque inicialmente de pasajeros que, requisado por la Royal Navy, había sido fuertemente armado con 14 piezas de artillería para servir como transporte militar de tropas y prisioneros.

Herido de muerte por dos torpedos, el *Laconia* tardó hora y media en hundirse y, tras desaparecer de la superficie, aún se pudo escuchar numerosas deflagraciones por la cantidad de explosivos que llevaba a bordo. Los supervivientes tuvieron tiempo de sobra para arrojar las lanchas salvavidas o directamente para arrojarse al mar mientras el barco desaparecía.

El sumergible emergió para comprobar el éxito de su ataque y Hartenstein y los suyos contemplaron asombrados cómo el mar a su alrede-

El *Laconia*, a toda máquina.

dor bullía de náufragos. Según los datos hechos públicos en Londres poco después, a bordo del *Laconia* viajaban 436 tripulantes, 268 soldados británicos, 160 soldados polacos, 80 mujeres y niños y entre 1.500 y 1.800 prisioneros de guerra italianos capturados en Etiopía. Muchas de estas personas flotaban ahora en el océano y rodeaban el submarino buscando salvarse, pero la mayoría de los que transportaba el mercante armado se había ahogado por decisión de los mandos militares que iban a bordo del barco. Y es que, según recoge el diario de a bordo del U-156 y según confirmaron posteriormente varios testigos, en cuanto el buque recibió el impacto de los torpedos, los soldados ingleses que custodiaban a los italianos recibieron la orden de cerrar las puertas de los compartimentos donde viajaban los prisioneros. Al menos dos oficiales británicos identificados con los apellidos Hoad y Young golpearon, dispararon y mataron personalmente a varios italianos cuando trataban de escapar y llegar a los botes salvavidas o tirarse al agua. La prueba más obvia de la matanza es que sólo 90 italianos de los cerca de 1.800 que iban a bordo, lograrían salvarse. Formaban parte de los casi 200 náufragos (el resto eran ingleses y polacos) que Hartenstein había rescatado del agua y subido a su propio U-Boot, en aquel momento atestado y casi imposibilitado de sumergirse. Pero alrededor de la nave había mucha gente todavía, «centenares de náufragos nadando en las cercanías» según el diario de operaciones.

Ante el tremendo panorama que se le ofrecía a la vista, el comandante alemán pidió instrucciones. Informado sobre lo ocurrido, Dönitz ordenó a tres submarinos que se encontraban en la zona que convergieran para cooperar en el salvamento y se interesó por conocer si el buque hundido había emitido, como así fue, algún mensaje de socorro mientras se hundía. Hartenstein transmitió en abierto un mensaje en inglés en el que señalaba el lugar del hundimiento para solicitar ayuda a cualquier barco que se encontrara en la zona y pudiera cooperar, dando su palabra de que no atacaría a nadie. Además, colocó sobre el puente una gran bandera de la Cruz Roja. El mensaje fue radiado sucesivamente, mas ningún barco acudió a la llamada. En consecuencia, Dönitz ordenó a otros dos submarinos que se dirigieran al lugar y pidió a sus aliados italianos y franceses del régimen de Vichy que cooperaran. Los italianos enviaron un sumergible y los franceses dos corbetas.

En las horas siguientes y tras llegar los primeros submarinos alemanes, se organizó de la mejor manera posible a los supervivientes. La idea era amarrar los botes salvavidas a los sumergibles y arrastrarlos hasta un punto de encuentro con italianos y franceses. Entonces apareció un avión norteamericano, un B24 Liberator, que sobrevoló el lugar, observó lo ocurrido y se marchó. El piloto de este avión, James Harden, comunicó la situación a su base en la isla Ascensión, desde donde se le ordenó directamente hundir al U-156. Así que Harden regresó y tantos los marinos alemanes como los aliados supervivientes le saludaron jubilosamente pensando que acudía a ayudar. En lugar de eso, el Liberator dejó caer sus bombas y mató a docenas de supervivientes que se apiñaban en uno de los botes salvavidas, además de provocar daños leves en el submarino.

Los U-Bootes recogiendo náufragos.

Hartenstein montó en cólera y, abandonando a los náufragos en superficie, ordenó la inmersión de inmediato para evitar seguir siendo un blanco fácil. No volvió a ser atacado ese día, pero otro de los sumergibles que había ido a ayudar y que ondeaba también la bandera de la Cruz Roja sufrió un ataque similar al día siguiente.

Al fin, el día 17 aparecieron las corbetas francesas y pudo trasladarse a ellas a todos los supervivientes. La indignación por lo ocurrido era patente, no sólo entre los náufragos sino entre los alemanes, teniendo en cuenta que durante cuatro días los Aliados no sólo no habían hecho nada por rescatar a los suyos sino que en dos ocasiones incluso les habían atacado. Dentro de la propia Kriegsmarine había voces que exigían desde hacía tiempo ignorar a los supervivientes de un ataque, visto que

U-Boot es la abreviatura de *Untersee-Boot*, literalmente *Barco debajo del mar*. En contra de lo que suele creerse, la mayoría de los navíos de este tipo que se usaron durante la SGM eran más sumergibles que submarinos. Es decir, tenían una limitada capacidad de actuación bajo el agua y la mayor parte del tiempo la pasaban navegando en superficie.

Además, las condiciones de vida a bordo eran infernales, con temperaturas elevadas y agua potable escasa, ambiente asfixiante por el aire enrarecido y saturado por los olores mezclados del gasóleo, la cocina y las letrinas, sin intimidad ni tranquilidad, con luces siempre encendidas y ruido permanente de los motores diesel y las válvulas de entrada del aire. La romántica barba que aparece en las películas de submarinistas no era una moda, sino una necesidad, pues no había agua suficiente para ducharse en todo el viaje y mucho menos para afeitarse. La ropa interior de color negro se empezó a usar, por razones evidentes, entre estas esforzadas tripulaciones.

El verdadero submarino, con capacidad para navegar siempre sumergido gracias a sus motores eléctricos a baterías que completaban los diesel y con gran potencia de fuego y desplazamiento, no llegaría hasta el final de la guerra: fue el conocido como Tipo XXI, aunque llegó demasiado tarde para equilibrar las fuerzas en el mar.

el *modus operandi* habitual de los británicos consistía en abandonar a su suerte o incluso ametrallar a marinos y aviadores alemanes cuyas naves y aviones hubieran sido destruidas. Esta actitud fue corroborada, entre otros, por el historiador inglés capitán Russel Greenfell en sus memorias *El episodio del Bismarck*. Para colmo, la prensa británica citaba lo ocurrido como un ataque de «los criminales de Dönitz» contra un «pacífico transatlántico».

Por todo lo ocurrido hasta el momento, el almirante germano cursó la orden arriba citada, aunque se negó a ordenar el ametrallamiento de supervivientes enemigos por considerarlo una acción «absolutamente contraria a nuestras normas de hacer la guerra». En cuanto al comandante Hartenstein, volvió a la acción en el Atlántico, pero tanto él como su tripulación murieron en marzo de 1943, cuando el U-156 fue alcanzado por las cargas de profundidad arrojadas desde un avión norteamericano del tipo PBY Catalina.

Wilfred A. Walter y su gafe

—¡Torpedo al agua! ¡*León*, vire a estribor! ¡Esto es una emergencia! ¡Vire a estribor!

El capitán Walter rompió el silencio de radio ante la dramática situación que se desarrollaba ante sus ojos. Era el 14 de noviembre de 1943 y el presidente norteamericano Franklin D. Roosevelt estaba a punto de morir...

Todo había comenzado pocos días antes en la desembocadura del río Potomac, donde el destructor *USS William D. Porter*, al que su tripulación había rebautizado como *Willie Dee*, aguardaba en el puerto de Chesapeake a la espera de una importante misión. Nada menos que integrar, junto con otros dos destructores y un par de portaaviones ligeros, la escolta que protegería al acorazado *USS Iowa*, en el que viajarían el presidente Roosevelt y su secretario de Estado Cordell Hull con destino a África, para participar en las conferencias internacionales de los Aliados, primero en El Cairo y más tarde en Teherán. Otras personalidades iban también a bordo, incluyendo a Ernest J. King, el almirante y jefe de operaciones navales, y varios jefes del Estado Mayor. En total, una comitiva de 80 miembros en cuyas manos estaba la totalidad de las operaciones militares norteamericanas. Como es lógico, el viaje había sido declarado alto secreto para evitar riesgos. Se exigía completo silencio de transmisiones y la mayor velocidad posible.

El responsable del *William D. Porter* era el orgulloso capitán de corbeta Wilfred A. Walter. Estaba orgulloso por varios motivos:

Primero, por tener el mando del barco a pesar de su juventud y la de su tripulación, cuya media de edad no pasaba de los 24 años.

Segundo, por el honor que suponía haber sido elegido como uno de los escoltas del presidente de EE.UU.

Tercero, porque aquella era la primera misión encomendada a su buque de guerra, botado y probado pocos meses antes, lo cual hacía

El DD-579 *William D. Porter* era un destructor de la clase Fletcher, de la que se construyeron 360 buques que en general tuvieron un buen rendimiento durante el conflicto bélico. Recibió su nombre en honor a un comodoro de la guerra de Secesión de Estados Unidos.

Desplazaba más de 2.000 toneladas y podía navegar a más de 36 nudos gracias a los dos grupos turborreductores de vapor con 60.000 hp de potencia acoplados a dos ejes. Su armamento principal estaba constituido por cinco cañones de 127 milímetros, aunque disponía además de varios antiaéreos de 40 y 20 milímetros, dos montajes quíntuples de tubos lanzatorpedos y varios lanzadores de cargas de profundidad para la guerra antisubmarina. Estaba tripulado por 295 marinos.

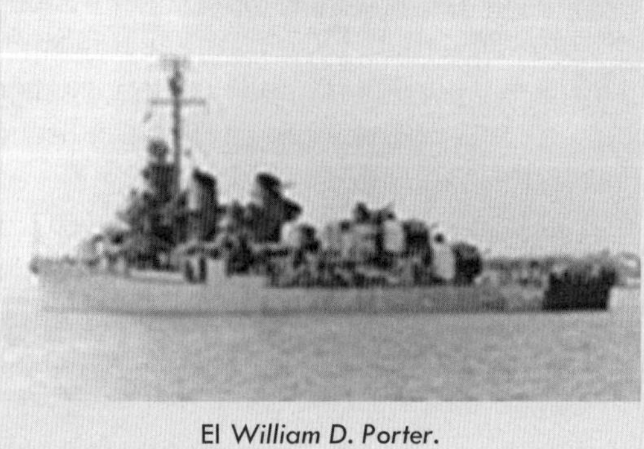

El *William D. Porter*.

presagiar una brillante carrera militar. Pronto su sueño se convertiría en pesadilla.

A primera hora del día 12 de noviembre comenzó el viaje. Todos los integrantes del convoy soltaron amarras y comenzaron a navegar silenciosamente..., excepto el *Willie Dee*. El capitán Walter ordenó abandonar el puerto marcha atrás a baja velocidad y entonces se escuchó un brutal estruendo en la borda del destructor próxima a tierra. Temiendo que su inexperta tripulación hubiera hecho chocar la nave contra el puerto, el capitán y sus oficiales se asomaron corriendo y contemplaron estupefactos cómo el ancla se había enganchado en la cubierta del barco vecino, un mercante, y, al desplazarse el *William D. Porter*, arrasaba cuanto encontraba por delante: barandillas, balsas salvavidas y todo tipo de material... Por fortuna, no se llevó consigo a ningún hombre.

Walter apenas pudo presentar excusas al capitán del mercante y comentarle que pidiera la indemnización correspondiente a la Armada, pues el resto de la flotilla le estaba esperando.

Poco después, el convoy atravesaba el mar de los Sargazos. Entonces se produjo una gran explosión y todos los marinos pudieron ver el géiser de agua que se levantaba tras el *Willie Dee*. Los oficiales llamaron a zafarrancho de combate y ordenaron maniobras evasivas pensando que el buque de Walter había sido atacado por un submarino alemán, hasta que este comunicó que no había enemigos a la vista. Lo que había explotado era una de sus cargas de profundidad que, al no estar bien asegurada, se había desprendido con el oleaje y había caído al mar.

Tras la reprimenda correspondiente a los responsables del incidente, un cada vez más nervioso capitán Walter multiplicó su presencia entre la tripulación para intentar garantizar que no habría más problemas, pero el siguiente no tardó en llegar. Una borrasca se cruzó en el camino del convoy y un infortunado marino del destructor fue arrastrado por una ola que barrió la cubierta. Cayó al mar y allí pereció sin que nadie fuera a ayudarle porque las órdenes de escolta eran precisas: ninguno de los barcos podía detenerse ni abandonar el convoy. Eso implicaba que si alguien caía al agua por la razón que fuera no podría ser rescatado. Cuanto esto se planteó en teoría, se aceptó sin más, pero vivirlo en la realidad supuso un duro golpe: ni siquiera le lanzaron un bote salvavidas. Cuando la noticia se extendió entre las tripulaciones, la temida palabra hizo su aparición: *gafe.* Y dado que el buque era de construcción reciente, muchos marinos empezaron a mirar de reojo a Walter.

Por si fuera poco, la tormenta había provocado daños en el destructor que no tardarían en manifestarse: el agua que se había colado en el interior afectó a la maquinaria de propulsión y provocó una avería. El jefe de máquinas se presentó ante el capitán para explicarle que estaban perdiendo potencia y este no pudo hacer otra cosa que informar al buque insignia del convoy y resignarse a quedar atrás mientras se reparaban los daños, hasta que, algunas horas después y forzando la velocidad, pudo recuperar su posición inicial.

A estas alturas, otro comandante probablemente hubiera mandado de regreso a semejante nave con semejante tripulación para someterla a una revisión de arriba abajo y, a continuación, a un duro programa de instrucción que les pusiera realmente a punto. Pero el almirante King no quería que el presidente y el resto de altos cargos que viajaban en el buque *Iowa* pasaran el resto del viaje planteándose si era lo bastante competente para el cargo teniendo en cuenta que había seleccionado para aquella importante misión a un grupo de patosos. Así que optó por llamar a Wilfred A. Walter, que se trasladó a bordo del buque insignia para recibir la bronca de su vida, con amenaza incluida de terminar abruptamente su carrera militar.

De regreso al *William D. Porter*, el furioso capitán Walter exigió a sus oficiales total colaboración para no volver a cometer errores durante el resto del viaje e impuso un duro programa de adiestramiento a su tripulación para elevar su nivel de alerta. No sirvió de mucho: justo pocas horas más tarde se produjo el incidente más peligroso en el que se vio involucrado el destructor.

El convoy navegaba al este de las Bermudas y el tiempo había mejorado bastante. Intentando enmendar su imagen y la de la Armada, King decidió ofrecer a Roosevelt y al resto de altos cargos una demostración de la potencia antiaérea del acorazado. No parecía una decisión muy prudente, teniendo en cuenta la discreción con la que debía desarrollarse el viaje, pero se encontraban en medio del Atlántico, en un área en teoría libre de barcos enemigos, y aquel espectáculo bélico podría servir no sólo para hacer olvidar los recientes sucesos sino para devolver de paso la confianza a los marinos, al hacerles conscientes del poderío naval que tenían entre manos. Así, se organizó el lanzamiento de una serie de globos meteorológicos para que simularan una escuadrilla de aviones enemigos dispuesta a atacarles y, al llegar a cierta altura, el *Iowa* comenzó a escupir fuego para derribarlos.

Las tripulaciones del resto de barcos también disfrutaron de la demostración, que, tal y como había previsto el almirante, sirvió para elevar la moral. Algunos de los globos que habían escapado de la artillería del acorazado fueron impulsados por el viento hacia el *Willie Dee* y, enardecidos, los marinos del destructor quisieron colaborar derribándolos. El capitán Walter pidió permiso y recibió el visto bueno, con lo que sus artilleros tuvieron ocasión de lucirse. Pero…

Wilfred Walter, demasiado animado, pensó que era un buen momento para rehabilitarse y. aprovechando el programa de adiestramiento que había empezado a aplicar, ordenó un simulacro de zafarrancho de ataque con torpedos. Sus hombres reaccionaron con entusiasmo. Por cierto, que la única diferencia entre el simulacro de zafarrancho y el zafarrancho de combate real era que los torpedos se retiraban de sus tubos justo antes del lanzamiento. El resto de la intervención era la misma y eso incluía fijar un blanco sobre el cual «disparar» el aire contenido en el tubo, en lugar de la carga explosiva. La orden fue preparar el lanzamiento de cuatro proyectiles y a los torpederos encargados, Lawton Dawson y Tony Fazio, no se les ocurrió otra cosa que emplear al mismo *Iowa*, al cual flanqueaban a unos 6.000 metros de distancia, como blanco teórico. Una vez listos, lo comunicaron al oficial de cubierta y este al capitán Walter, que ordenó comenzar el ejercicio.

Se escuchó entonces una de las órdenes más características de la marina de guerra en acción:

—¡Fuego el uno!

Tras la pausa correspondiente para comprobar el rumbo del inexistente torpedo, se «disparó» el segundo también sin novedad. Sin embargo, al dar el visto bueno al lanzamiento del tercer torpedo, el oficial de cubierta y todos cuantos estaban junto a él contemplaron horrorizados cómo salía disparado un proyectil real que cayó al agua y puso rumbo al acorazado en el que viajaba Roosevelt.

El capitán Walter no podía creer en su mala suerte: aquello ya era demasiado. Desesperado, ordenó avisar de inmediato al *Iowa* de lo que se le venía encima, pues el explosivo les alcanzaría en aproximadamente un par de minutos. Su telegrafista, tan joven e inexperto como la mayor parte de la tripulación, se puso muy nervioso a la hora de transmitir el mensaje en código Morse a través del telégrafo marino y, en lugar de avisar al acorazado de lo que se le venía encima, le dijo primero que había un torpedo alejándose de él y luego que el *William D. Porter* se había atascado en la orden «Atrás toda». El capitán no pudo resistir más la tensión y ordenó romper el silencio de radio hasta entonces cumplido estrictamente, aunque al menos se mantuvo el nombre en clave del *Iowa*, que era *León*, por si su mensaje era escuchado por alguna nave enemiga.

A bordo del acorazado que transportaba al presidente de EE.UU. se desató la alarma, pues su tripulación no era de novatos y, sin contar la advertencia radiada, sus vigías habían descubierto la estela del torpedo: creyeron estar bajo el inesperado ataque de submarinos alemanes. El *Iowa* se escoró al virar a estribor a toda máquina mientras su artillería trataba de destruir el proyectil. La cubierta se inclinó y la silla de ruedas de Roosevelt se deslizó peligrosamente hacia la borda pero sus guardaespaldas lograron sujetarle a tiempo. Uno de ellos, pensando que podría realmente hacer algo con ello, sacó su pistola para tratar de detener a tiro limpio el torpedo.

Finalmente, el proyectil pasó apenas a unos trescientos metros del acorazado y explotó en su estela sin provocar más daños. Walter y el resto de la tripulación suspiraron aliviados, hasta que vieron cómo las torres triples de cañones de 406 milímetros del *Iowa* giraban para apuntarles directamente mientras exigían respuestas. Hundido, el capitán del *Willie Dee* sólo podía repetir una y otra vez: «Hemos sido nosotros, por error».

El almirante King.

El enfurecido almirante King ya no se pudo contener por más tiempo. Expulsó del convoy a aquel barco tan torpe ordenándole que pusiera rumbo a la base naval de las Bermudas. A su llegada, toda la tripulación, incluidos su capitán y su oficialidad, fue puesta bajo arresto y sometida a un consejo de guerra, en la sospecha de que tantos incidentes consecutivos indicaban que podrían formar parte de un complot enemigo para acabar con el presidente Roosevelt. Sin embargo, las investigaciones concluyeron que no había ningún quintacolumnista a bordo del *William D. Porter*: sólo un puñado de hombres mal preparados para ejercer su misión y con muy mala suerte.

Los detalles de tan accidentada escolta no tardaron en llegar a oídos de otros marinos y la tripulación del destructor fue objeto de la peor condena al convertirse en el hazmerreír de sus colegas, que recibían al buque con saludos sarcásticos del estilo: «¡Alto el fuego: no disparen, que nosotros votamos al Partido Republicano! (Roosevelt pertenecía al Partido Demócrata)». El buque fue destinado muy lejos: a las islas Aleutianas, en el Ártico, donde los marinos trataron de enmendar sus pasados errores trabajando duro. Pero ni aun así se vieron libres de problemas, ya que, durante un permiso entre dos períodos de maniobras en la región, uno de los marinos regresó a bordo borracho. No quedó muy claro si sabía lo que estaba haciendo o no, pero el hecho es que llegó a disparar uno de los cañones de 127 milímetros del destructor antes de ser detenido. El proyectil pudo provocar una tragedia, ya que impactó en tierra, en el jardín delantero de la residencia del comandante de la base durante una fiesta que este ofrecía a los oficiales y sus esposas.

A finales de mayo de 1944, el capitán de fragata Charles M. Keyes relevó finalmente a Walter y, decidido a limpiar la pésima reputación del *Willie Dee*, sometió a su tripulación a un entrenamiento implacable. En los meses posteriores, el destructor se desempeñó sin novedades en la campaña del Pacífico, sobre todo en misiones de escolta antisubmarina y antiaérea. El gafe parecía haberse marchado junto con el anterior capitán, aunque el destructor no sobreviviría a la SGM. En junio de 1945, en los estertores finales del conflicto, sufrió el ataque de un avión kamikaze, un Aichi D3A. El destructor disparó y derribó el aparato japonés. Pero este no estalló al caer al mar, sino que se sumergió en su diagonal a unos diez metros del destructor e hizo explosión bajo su superficie, justo debajo de la quilla.

Así se hundió el *William D. Porter*, cuyo nombre fue borrado del registro naval norteamericano en julio de 1945, aunque toda la tripulación logró ponerse a salvo. Curiosamente, la única baja en toda la fatigosa historia de este destructor fue la de aquel marino que fue arrebatado por una ola en su primera y desastrosa misión.

John Hawtrey Capes y el último trago de ron

A juzgar por las historias de taberna, el ron es la bebida favorita de cuantos surcan los mares, ya sean piratas o marineros. Y fue justo una botella de ron la que certificó la realidad de la hasta entonces increíble historia relatada por John Hawtrey Capes, el hijo de un diplomático británico del que su entorno familiar esperaba una gloriosa carrera militar como oficial de la Royal Navy pero que a finales de 1941 no había conseguido más que un humilde puesto de mecánico fogonero. Se había incorporado a una edad bastante avanzada para la época, casi con 25 años, al servicio de la Armada británica, donde se presentó voluntario para el servicio de submarinos.

En noviembre de aquel año, Capes embarcó como pasajero en el submarino *HMS Perseus* para ser trasladado desde la base de Malta, donde se encontraba el buque en aquel momento, hasta Alejandría, en Egipto. Un accidente de moto le había retenido en la isla, bajo control británico, y una vez resuelto el papeleo se disponía a viajar a la ciudad egipcia para reincorporarse al servicio. La primera etapa del viaje transcurrió sin novedad pero la tragedia sobrevino el 6 de diciembre de 1941.

El *Perseus* navegando.

El sumergible navegaba de noche y en superficie en el mar Jónico, muy cerca de las costas de la isla de Cefalonia. Nuestro hombre dormitaba en su camastro, instalado sobre un lanzatorpedos, cuando una gran explosión le arrojó al suelo.

Según sus recuerdos, el *Perseus* se hundió de manera brusca y acabó tocando fondo con una «espeluznante sacudida». Aturdido todavía por el suceso, consiguió ponerse en pie y, tras darse cuenta de que no estaba herido de gravedad, buscó y encontró una linterna en medio de la oscuridad del compartimento, con la que trató de averiguar qué había sucedido. Con horror, descubrió no sólo que la mayoría de marinos en aquella zona del submarino habían fallecido en la deflagración, presuntamente producida por una mina, sino que el agua estaba invadiéndolo con rapidez.

De hecho, la puerta de la sala de máquinas se cerró por la presión del líquido elemento.

Tras ayudar a otros mecánicos que también habían logrado sobrevivir al desastre, aunque más maltrechos que él, entre todos se plantearon cómo escapar. Para su fortuna, no estaban lejos de una escotilla de emergencia donde había varios trajes especiales, confeccionados con goma y equipados con botellas de oxígeno y gafas de buceo. El submarinismo estaba aún en mantillas en aquella época pero, aunque débil, era su única oportunidad de abandonar el *Perseus*. Sin embargo, sus esperanzas se vinieron abajo cuando observaron el indicador de profundidad, que señalaba más de ochenta metros bajo la superficie. Los trajes de emergencia sólo habían sido probados hasta los treinta metros y, además, ninguno de los presentes conocía el caso de alguien que hubiera podido salvarse a una distancia tan profunda.

De hecho, a lo largo de toda la SGM, los registros militares británicos sólo certificaron cuatro escapes con vida de submarinos hundidos.

Al final, decidieron intentarlo: la presión o la falta de oxígeno podían matarlos durante la intentona, pero morirían de todos modos si se quedaban a bordo, ya que el *Perseus* se inundaba progresivamente y cada vez quedaba menos aire en el interior de la nave. Con esfuerzo, desatornillaron las tuercas de la escotilla y luego fueron saliendo uno a uno. Capes fue el último y, antes de salir, tomó su botella de ron y le dio un último trago para armarse de valor.

Después, según sus declaraciones, se dejó ir y en un instante se encontró «completamente solo en lo más profundo del mar», donde durante unos instantes sufrió una «agonía de dolor desesperante, como si mi cuerpo fuera a reventar». Capes experimentaba el efecto de la presión que ejerce cualquier fluido sobre la superficie de todo aquel cuerpo que se sumerge en él y que depende de la profundidad a la que se encuentre. Una presión prácticamente irresistible en su caso, pues la normal en el nivel del mar es de una atmósfera o bar, que se convierte en dos atmósferas a los diez metros, tres atmósferas a los veinte y así sucesivamente. No existía constancia de que nadie hubiera logrado sobrevivir a nueve atmósferas de presión.

Pero Capes sobrevivió. ¿Era un superhombre? No, aunque puede decirse que sí se hallaba en buen estado físico para soportar la experiencia. En realidad el indicador de profundidad había resultado dañado en la explosión y el *Perseus* no se encontraba hundido a 80 metros sino a 52. Además, poseía una botella de oxígeno, que le elevó cada vez a una mayor velocidad a medida que la disminución de la presión incrementaba el volumen del gas. La agonía fue intensa, pero duró escasos minutos.

De pronto, el marino se encontró flotando en la superficie del Mediterráneo. No podía creerlo... Sin embargo, no tenía tiempo para felicitarse: se hallaba en medio del mar, de noche y en pleno invierno, sin ningún barco a la vista. No tenía muchas más posibilidades de supervivencia que en el interior del *Perseus*. Desesperado, miró a su alrededor y entonces su corazón empezó a latir más aceleradamente al distinguir unos acantilados de color blanco, no muy lejos de donde se encontraba. Era la costa de Cefalonia, aunque él en ese momento no lo sabía. Reuniendo las fuerzas que le quedaban, comenzó a nadar hacia ellos y, casi milagrosamente, logró alcanzar la playa, donde se desmayó, exhausto.

Dos pescadores le hallaron al día siguiente y le dieron cobijo. En aquel momento, Italia ocupaba la isla tras declarar la guerra a Grecia e invadirla, por lo que la protección al militar británico, enemigo de los italianos, se convirtió en su pequeña venganza: la suya y la de diversos vecinos de Cefalonia que, durante año y medio, acogieron y escondieron alternativamente a Capes, asumiendo el riesgo que ello implicaba. Con el tiempo, los pescadores de la zona hicieron llegar la noticia de lo ocurrido

John H. Capes, a la derecha, celebrando su rescate.

a la Armada británica, que organizó una operación clandestina para sacarle del lugar y llevarle hasta Esmirna, en Turquía, en un viaje complicado y no exento de riesgos.

La experiencia del buceo a grandes profundidades requiere de una buena capacidad psicológica, además de un entrenamiento adecuado. Bajo el mar, el destino de un hombre depende más que nunca de sí mismo, aunque esté acompañado por otros submarinistas, y hay muchas personas que no resisten la presión de saberse cubiertos por toneladas de agua.

Aunque el buceo en apnea (a pulmón) se conoce desde tiempo inmemorial, hay que esperar a la segunda mitad del siglo XVIII para tener las primeras noticias del buceo con escafandra (usando un casco donde se respira aire suministrado desde superficie). En el siglo XIX se inventó el regulador Rouquayrol-Denayrouze, que permitió cierta autonomía pero hubo que esperar a 1942, en plena SGM, para descubrir la manera de bucear con total independencia de la superficie: el francés Émile Gagnan logró miniaturizar un regulador para adaptarlo a los motores gasógenos de los automóviles, ya que los alemanes habían ocupado Francia y confiscaban la gasolina para uso militar.

Gagnan estaba empleado en la empresa parisina Air Liquide. El propietario de esta compañía, Henri Melchior, era el suegro del luego famoso submarinista y naturalista Jacques Yves Cousteau y le ofreció el minirregulador de Gagnan, ya que el propio Cousteau llevaba tiempo diseñando un posible sistema de respiración submarina que permitiera autonomía completa. En junio de 1943, Gagnan y Cousteau habían puesto a punto un prototipo mejorado y lo probaron en la Costa Azul, en una cala apartada lejos de la posible mirada de los alemanes, pues no deseaban que su invento cayera en sus manos.

El ensayo fue un éxito, hasta el punto que hoy se considera que en ese instante nació el buceo moderno con botella de aire comprimido y regulador.

Si bien el concepto original ha sido progresivamente rediseñado, creciendo además en calidad con el paso de los años, el principio básico sigue siendo el mismo hoy día.

Una vez allí, logró alcanzar Alejandría, su objetivo inicial, donde recibió una medalla por su asombrosa escapada y un nuevo destino: el servicio a bordo de otro submarino.

La SGM terminó y John Capes pudo sobrevivir, mas su peripecia vital generó gran polémica, tanto durante el conflicto como una vez terminado este, y hubo muchos que nunca le creyeron. Le consideraban un buen charlatán, capaz de idear una historia convincente con la cual justificar tal vez unos cuantos meses de deserción. Después de todo, no había testigos de su relato, ya que todos los que viajaban a bordo del *Perseus* excepto él fallecieron, incluidos los otros mecánicos a los que aseguraba haber ayudado a escapar.

Rodeado de sospechas, el marino falleció en 1985. Doce años más tarde, un buzo profesional griego llamado Kostas Thoctarides encontró los restos del *HMS Perseus*. Tras documentarse sobre la historia de Capes, organizó diversas inmersiones para explorar el sumergible hundido. Así encontró la escotilla de escape, el compartimento y hasta el lanzatorpedos sobre el que colocaba el camastro en el que dormía. Todo estaba tal cual lo había descrito el marino británico en los distintos artículos y entrevistas que se habían publicado sobre él.

Y un detalle más: Kostas Thoctarides encontró, también, la botella de ron de la que había tomado el último trago antes de escapar de aquella tumba acuática.

6

Stalingrado. La batalla decisiva

El escenario

La de Stalingrado fue según muchos historiadores militares la batalla clave de la SGM. Comenzó en junio de 1942 y finalizó en febrero de 1943 y, desde luego, fue la más sangrienta, ya que costó cerca de dos millones de muertos, además de la destrucción de un 90% de la ciudad. La conquista de esta estratégica urbe, hoy renombrada como Volvogrado, hubiera dejado vía libre a las divisiones alemanas hacia los campos petrolíferos y otros recursos en los territorios caucásicos que habrían beneficiado a la Werhmacht a la vez que los perdían los Aliados. Además, habría permitido amenazar directamente las posesiones británicas y francesas en Oriente Medio, animando una sublevación árabe contra las metrópolis de Londres y París. Los alemanes gozaban de algunas simpatías en países como Turquía, Siria o Egipto y, de hecho, hasta las Waffen SS contaron con voluntarios musulmanes en sus filas. Una derrota soviética, por último, hubiera provocado probablemente un hundimiento generalizado de su resistencia teniendo en cuenta su simbólica denominación, en honor del propio dictador Stalin. Sin embargo, el Ejército Rojo no sólo aguantó sino que consiguió, gracias a sus casi inagotables reservas, embolsar a los alemanes en un área que recibió el nombre de *Der Kessel* (*El caldero*), donde padeció un asedio tan terrible para ellos como lo fue el de Leningrado para los soviéticos. El 6.º ejército alemán, debilitado por la falta de abastecimientos y la *Rattenkrieg* o *guerra de ratas* casa por casa entre los escombros de la ciudad, resultó al fin aniquilado por el hambre y el frío, los asistentes personales del general Invierno.

Alexander Klemenko y la fábrica Octubre Rojo

De los 250.000 hombres con los que contaba inicialmente el general Friedrich von Paulus, sólo 90.000 vivieron lo suficiente para rendirse a los soviéticos y apenas 5.000 lograrían regresar a Alemania, años después, tras su paso por los gulags. El 31 de enero de 1943, Von Paulus se rindió oficialmente. Desairó así a Hitler, que le había nombrado mariscal de campo poco antes con la intención de que combatiera hasta la muerte o al menos se suicidara, ya que, hasta entonces, jamás un mariscal se había rendido en toda la historia militar alemana. El 2 de febrero se rindió el último grupo de soldados alemanes que aún se defendía entre los cascotes de la fábrica Octubre Rojo: fue la fecha oficial del final de la batalla.

Uno de los atractivos de la conquista de Stalingrado era el volumen de su industria militar, además de constituir un nudo ferroviario clave para enlazar Moscú con el Cáucaso y el mar Negro. Entre las fábricas más destacadas figuraba la antigua acería fundada en 1897 y renombrada Octubre Rojo tras la revolución bolchevique. En este complejo industrial, al norte de la ciudad, se encontraba una de las más importantes fábricas de tractores soviéticos, que había sido reacondicionada para construir y reparar uno de los mejores carros de combate del conflicto: el T-34.

A medida que las tropas alemanas avanzaban hacia la urbe, Stalin ordenó blindarla para evitar que cayera en sus manos y prohibió la salida de los civiles, a fin de redoblar el esfuerzo de sus soldados al proteger a sus familias. Extendió la orden 227 que prohibía la rendición en cualquier circunstancia y que de hecho ordenaba la formación de una línea de infantería ubicada en la retaguardia con el único propósito de fusilar a cualquiera que retrocediera sin permiso. Pronto fue conocida popularmente como la orden *Ni un paso atrás.* Los generales soviéticos nunca se caracterizaron por el respeto o la consideración hacia su tropa. Una de las razones por las que el mayor número de víctimas de la SGM correspondiera a la URSS fue el hecho de que a sus mandos no les importaba lo más mínimo enviar oleada tras oleada de soldados a una muerte segura al desarrollar como táctica habitual la simple acumulación de efectivos y su ataque frontal en masa. Muchos de estos soldados, como sucedía en Stalingrado, ni siquiera tenían armas y se lanzaban al asalto con

Para numerosos expertos, el T-34 no sólo fue el mejor tanque soviético durante la SGM, sino el mejor de todos los ejércitos participantes. No poseía la mayor potencia de fuego ni tampoco un blindaje excesivo, pero sí disponía de una versatilidad que, al servicio de una tripulación experimentada, le permitía maniobrar ventajosamente frente a otros modelos.

Podía rodar a 55 kilómetros por hora y su principal armamento era un cañón de 76,2 milímetros, además de un par de ametralladoras, si bien diversos modelos incorporaron variantes como cañones rápidos o lanzallamas. El de 1943, que contaba con una nueva torreta hexagonal fundida, fue bautizado en el frente como *Tanque Mickey Mouse*, por el aspecto que ofrecía cuando las dos escotillas se abrían al mismo tiempo.

Un *Mickey Mouse*.

Producido entre 1940 y 1958, el T-34 constituyó el blindado principal del Ejército Rojo y su eficacia lo convirtió en objeto de exportación a otros países, una vez finalizado el conflicto. Se calcula que fueron construidas cerca de 100.000 unidades, algunas de las cuales aún estaban en uso a finales del siglo XX.

la intención de recoger los fusiles de sus camaradas cuando cayeran muertos.

En Octubre Rojo trabajaban unas 35.000 personas. Muchas de ellas continuaron en su puesto incluso mientras la batalla se desarrollaba alrededor. Es más, combatían y trabajaban al mismo tiempo. Así lo recordaría años más tarde en una entrevista uno de estos obreros, Alexander Klemenko, quien explicó que los trabajadores estaban obligados a cumplir un horario laboral muy peculiar: dedicaban 12 horas diarias a la construcción y reparación de tanques, después luchaban durante 8 horas más y se les retiraba del frente para dormir las 4 restantes. Aunque el complejo fue asaltado en numerosas ocasiones, nunca llegó a caer del todo en manos alemanas. La producción continuó día y noche durante toda la batalla.

Como en las fábricas de armamento convencionales en tiempo de guerra, los blindados eran decorados a menudo por los obreros. Klemenko aseguraba que «con mis propias manos escribía en cada tanque la frase "Ésta es la respuesta de Stalingrado para ustedes" y también lo hacía en los Panzer alemanes que capturábamos y reutilizábamos en su contra». También explicó que numerosos trabajadores sin formación militar fueron reconvertidos en tanquistas rápidamente. «La única condición que pedía el comandante era que supieran manejar tractores. Invitaban a aquellos obreros que tuvieran una mínima experiencia y les decían: "vengan, siéntense en el tanque y manéjenlo, no es difícil".» De esta manera se improvisaron tripulaciones enteras que, a pesar de su falta de experiencia, eran igualmente útiles para la defensa e incluso para el contraataque en algunos barrios de la ciudad.

Al final de la batalla de Stalingrado, Octubre Rojo estaba casi en ruinas, pero aún seguía produciendo. Restaurada poco más tarde, Moscú le concedió la Orden de Lenin y la Orden de la Bandera Roja del Trabajo, extensiva a todos los defensores de la fábrica. Hoy día ha vuelto a ser una fábrica de maquinaria agrícola.

Marina Raskova y las Brujas Nocturnas

Los éxitos iniciales de la Operación Barbarroja obligaron al alto mando soviético a utilizar todos los recursos a su disposición y, si no los tenían, a inventar otros nuevos con tal de frenar los avances germanos. Entre otras medidas, Moscú movilizó a todas las mujeres que pudo para sus unidades combatientes, algo que ni los alemanes ni el resto de los Aliados consideraban honorable: las unidades femeninas, salvo contadísimas excepciones, estaban integradas en sus respectivas tropas en calidad de ayudantes, enfermeras, oficinistas…, pero nunca en primera línea. Sin embargo, la revolución soviética había impuesto la igualdad de sexos, al menos en lo concerniente al sacrificio militar por la Madre Patria. Buen ejemplo de ello fue Marina Raskova.

Marina, nacida Malinina Mijailovna, procedía de una familia de músicos que soñaban para su hija un futuro como cantante de ópera. La muerte de su padre en un accidente poco después de la Revolución soviética y la necesidad de generar ingresos familiares le llevó a abandonar los estudios del Conservatorio de Moscú para dedicarse a los de química y finalmente ingresar en una empresa de pinturas. Fue en aquella época cuando empezó a interesarse por la aviación. Se casó con un ingeniero llamado Serguei Raskov, del cual tomó su apellido, y empezó a trabajar para la Fuerza Aérea soviética como diseñadora. A los 19 años se matriculó en la Academia de Aviación de Zhukovski y en 1934 se graduó como la primera mujer capaz de aprobar el examen de navegación aérea en la URSS. Recibió su licencia de piloto al año siguiente y se convirtió en instructora de vuelo.

Marina Raskova, preparada para el vuelo.

Animadas por su ejemplo, otras mujeres ingresaron también en esta Academia y pronto contó con varias compañeras. Junto con dos de ellas, Polina Osipenko y Valentina Grizodubova, formó una tripulación con la que fijó una marca mundial femenina de vuelo sin escalas: a bordo de un bombardero Antonov-37, el *Rodina* (*Patria*), cubrieron durante 26 horas y media más de 5.900 kilómetros entre Moscú y Komsomolsk, en el este de la URSS. Por su éxito, las tres recibieron la Estrella de Oro de los Héroes Soviéticos. Fueron las primeras mujeres en recibir esta condecoración, y también las únicas, antes del comienzo de la SGM. Marina fue felicitada personalmente por Stalin y ascendida al grado de mayor.

Gracias al prestigio adquirido y a su conocimiento personal del Gran Camarada, cuando Alemania invadió la URSS en 1941 Marina Raskova convenció al alto mando de que disponía de suficientes alumnas para formar una unidad aérea femenina perfectamente operativa. Su equipo recibió la denominación temporal de Grupo de Aviación 122 durante la etapa de entrenamiento en la base aérea del pueblo de Engels, a orillas del Volga, al norte de Stalingrado. Su primera misión allí, según explicarían posteriormente, fue doméstica: el acondicionamiento de los uniformes que emplearían y que habían sido confeccionados para sus colegas masculinos. Rehicieron guerreras, camisas y pantalones, aunque las botas, siempre demasiado grandes, hubo que rellenarlas de papel de periódico para poder usarlas. Sin embargo, lo peor fue el plan de trabajo: los alemanes iban demasiado rápido y era preciso aprender y desarrollar las tácticas de combate en un tiempo récord si querían tener opciones de frenarles, lo que obligaba a entrenar hasta 14 horas diarias para aprender en pocas semanas lo que en tiempos de paz hubiera requerido meses de preparación.

Los aviones de entrenamiento eran antiguos biplanos Polikarpov 2, de madera y lona, provistos apenas con un equipamiento rudimentario y carentes de comunicación con tierra. Cada uno de estos aparatos iba tripulado por una piloto y una navegante, que se alternaban en los puestos para desarrollar las habilidades necesarias en ambos. Tuvieron que emplear mucho entusiasmo, voluntad e intuición para suplir la tecnología de la que carecían, pero Marina Raskova pudo presentar en el plazo previsto sus tres primeros regimientos de aviadoras: el 586 de Caza, el 587 de Bombardeo y el 588 de Bombardeo nocturno. Cada regimiento contaba con su propio comandante y ella se reservó el mando del 587, que en septiembre de 1943 pasó a ser el 125 de Bombardeo.

No obstante, el más famoso de estos tres grupos fue el 588. Dirigido por Yevdokiya Bershanskaya, cerca de un centenar de jóvenes de unos veinte años de edad cumplieron casi 24.000 misiones desde aquel momento hasta el final de la SGM; precisamente 24 de sus temerarias integrantes recibieron el galardón de Heroínas de la URSS. Fue el único de los regimientos integrado exclusivamente por mujeres hasta el final de la guerra y el que más problemas causó a los alemanes, ya que aparecían siempre de noche a las horas más intempestivas y podían hacer mucho daño a pesar de la antigüedad de sus aparatos, ya que volaban con poco ruido y a menudo sorteaban las defensas antiaéreas antes de que estas se percataran de su presencia.

Los alemanes les bautizaron como *Die Nachthexen*: las *Brujas Nocturnas*. Prueba del respeto que les merecían la tenemos en que cualquiera que derribara un solo avión de bombardeo de este tipo recibía automáticamente la Cruz de Hierro y en que los cadáveres de las aviadoras eran enterradas con honores militares. Pese a que una de cada tres murió en combate, ninguna de ellas fue apresada jamás porque incluso las que habrían tenido ocasión de salvarse saltando de su aparato antes de que se estrellara o ardiera preferían suicidarse antes que entregarse. Un as de la Luftwaffe, Johannes Steinhoff, que voló en casi un millar de misiones y derribó cerca de 200 aviones enemigos, resumió en sus memorias la incredulidad con la que los germanos descubrieron que los «pedazos de madera voladores» que los machacaban regularmente contaban con tripulaciones exclusivamente femeninas.

Los tres regimientos formados por Marina Raskova actuaron en la zona de Stalingrado, Orel, Kursk, Smolensk, Vitebsk, Borysov y los la-

Las Brujas Nocturnas preparando una misión.

gos Mazurian. Ella no sobrevivió a la guerra. Paradójicamente, mientras sus compañeras del 588 volaban con aviones destartalados con los que atacaban una y otra vez las posiciones alemanas, la Raskova falleció a bordo del mejor bombardero soviético de su época: un Petlyakov 2. El 4 de enero de 1943, su avión fue sorprendido por una tormenta de nieve y se estrelló e incendió cerca de Stalingrado, justo al lado del Volga.

El Petlyakov 2, apodado con el sobrenombre de *Peón*, fue muy popular entre las tripulaciones soviéticas por su velocidad, maniobrabilidad y durabilidad. Fue diseñado en los laboratorios de un gulag por el ingeniero Vladimir Petlyakov, detenido y encarcelado en este campo de concentración soviético bajo la acusación de retrasar intencionadamente los trabajos de otro prototipo.

En un principio, este aparato iba a ser un caza de gran altitud pero por necesidades de la guerra fue preciso redefinirlo y reconvertirlo en bombardero en picado en muy poco tiempo. La tripulación estaba integrada por un piloto, un artillero y un bombardero y, además de transportar hasta 1.600 kilogramos de explosivos, disponía de cuatro ametralladoras.

El resultado final fue tan brillante que Stalin liberó a su creador y además le permitió usar su nombre para designar al avión. Tras la guerra, varios países del bloque comunista, aparte de la propia URSS, siguieron utilizándolo durante años.

Anatoly Klimenko y el regimiento misteriosamente aniquilado

La SGM guarda aún muchos misterios, algunos de los cuales se resisten a pesar de la documentación que los gobiernos de los países aliados en aquella época han desclasificado durante los últimos años. Uno de ellos es lo que ocurrió exactamente en enero de 1943 en el *krai* o región fronteriza de Krasnodar, no lejos de Stalingrado, donde los soviéticos estaban a pocos días de derrotar definitivamente a los alemanes.

En aquella época, Anatoly Klimenko era un adolescente que vivía junto a sus familiares en uno de los *koljoses* o granjas colectivas creadas en esta zona tradicionalmente cosaca. Igual que otros habitantes del caserío, escuchó la extraña historia que le contó un pariente del propietario de la granja: un carretero al que le sucedió algo muy raro el día 29 de enero. Pocos días antes, los habitantes de la zona tuvieron oportunidad de contemplar a las tropas alemanas construyendo una línea de defensa para proteger la retirada general, pero aquella fecha en concreto el carretero se topó con un regimiento de infantería que estaba atrincherando una colina desde la que se dominaba buena parte del lugar. Se le advirtió de que no volviera por allí.

El día siguiente se levantó con niebla. El hombre comprobó prudentemente antes de salir de nuevo que ya no quedaban alemanes en su aldea, pero al cabo de un rato se dio cuenta de que la falta de visibilidad le había conducido por el mismo camino hasta el interior del campamento germano. Comenzó a pensar en alguna excusa mientras buscaba un sitio para dar la vuelta a su carro cuando descubrió, primero con asombro y más tarde con horror, que la trinchera estaba llena de soldados alemanes..., pero muertos. No sólo eso, cuando logró reorientarse para regresar a casa descubrió no muy lejos a otro grupo de soldados, esta vez soviéticos, también muertos. Y todos congelados.

A primeros de febrero se presentó un grupo de oficiales del Ejército Rojo para identificar los cuerpos y averiguar qué había sucedido. Decían buscar una unidad que había desaparecido hacía más de una semana y,

Imágenes como esta se hicieron terriblemente habituales en la URSS.

en efecto, todos los cadáveres rusos pertenecían a efectivos de este batallón. Según la hipótesis planteada por los oficiales para reconstruir los hechos, los soviéticos avanzando en columna junto a la cercana línea férrea habrían sido emboscados por varios centenares de alemanes agazapados a ambos lados. Los miembros del Ejército Rojo que iban en vanguardia escaparon y se dispersaron por el monte, donde se enzarzaron en una lucha cuerpo a cuerpo que se habría decantado del bando alemán.

Esta explicación no resolvía varios puntos misteriosos. Para empezar, los cuerpos de los soviéticos mostraban heridas de bala, pero no había rastro visible de combate sobre el terreno, como cráteres producidos por la explosión de granadas. Además, ni un solo alemán se había movido de su puesto, lo cual resultaba especialmente llamativo. Todos, cerca de 1.400 soldados, parecían petrificados como si un rayo de hielo les hubiera congelado..., igual que otra unidad del mismo regimiento ubicada varios kilómetros más allá. La causa de su muerte parecía haber sido la detonación simultánea de toda la munición que portaban consigo. ¿Por qué había hecho explosión? Es más, a pesar del escándalo que debía haberse producido durante el incidente, ninguno de los habitantes del *koljós*, tan próximo al lugar de los hechos, había escuchado ruido alguno: ni siquiera el más mínimo tiroteo. Y el misterio final: muchos cadáveres no presentaban heridas de bala, pero sus rostros mostraban un impactante rictus de terror. ¿Qué habían visto en el último momento de su vida?

Una hipótesis alternativa que se manejó entonces fue la de la existencia en los dos depósitos alemanes de armas en la cercana ciudad de Tijoretsk de una cantidad indeterminada de proyectiles poco comunes, con productos químicos. Este peligroso cargamento estaría vigilado por un equipo de la Gestapo y podría haber sido retirado en los últimos días por el mismo regimiento que había perecido en el suceso y al que tal vez se le había encargado transportarlo para que no cayera en manos de los rusos. Durante el combate podía haberse visto afectado y haber deflagrado, mas ¿cómo había explotado en dos sitios distintos a la vez?

Una investigación periodística publicada por Alberto Luis Fernández hace pocos años en la revista *Enigmas*, permitió conocer algunos otros datos extraños, como los aportados por el citado Anatoly Klimenko, quien, ya un hombre mayor, reveló que, cuando sucedieron los hechos, fue testigo de un fenómeno extraordinario que se había producido en el mis-

Uno de los mayores éxitos del Ministerio de Propaganda del *Doktor* Göbbels fue mantener la esperanza de muchos alemanes en la victoria final, a pesar de los reveses de los campos de batalla sobre todo a partir de 1943, gracias al concepto de las *Wunderwaffen* o *armas maravillosas.*

Este armamento, insistía, se desarrollaba en secreto pero estaba ya muy avanzado y era cuestión de tiempo que pudiera emplearse contra el enemigo con resultados tan devastadores que este no tendría más remedio que capitular. Aunque durante mucho tiempo se consideraron un mito, lo cierto es que existieron e incluso algunas de ellas llegaron a ser utilizadas, si bien no tuvieron el efecto decisivo que se esperaba de ellas porque llegaron demasiado tarde para el III Reich. El propio mariscal Göring durante los Juicios de Núremberg afirmó desafiante: «Si la guerra hubiera durado seis meses más, no hubiera terminado de esta manera».

Algunas de estas armas fueron el *Elektroboote* o submarino del tipo XXI (el primer sumergible de verdad, pues era capaz de actuar bajo el agua todo el tiempo en lugar de verse obligado a navegar en superficie regularmente), el Messerschmitt Me 262, conocido como *Schwalbe* o *Golondrina* (el primer avión de combate de reacción del

Despegue de una V2.

mundo), el Sturmgewehr 44 (el primer fusil de asalto, que es de hecho lo que significa su nombre), el Panzer VIII apodado *Maus* o *Ratón* (un tanque de gran tamaño dotado con dos cañones: uno de 128 milímetros y otro de 75, que sólo llegó a funcionar como prototipo) o diversos tipos de cohetes y misiles sobre los cuales se desarrolló la V2 (primer misil balístico del mundo).

Paradójicamente, los beneficiarios de todos estos avances militares y muchos otros no fueron los alemanes, sino sobre todo EE.UU. y también la URSS: las patentes tecnológicas alemanas y, aún más, los científicos y técnicos que las habían creado, se convirtieron en uno de los botines más codiciados por los Aliados. A medida que invadían Alemania, capturaban y conducían de inmediato a sus propios países a cualquier experto en este tipo de material. El llamado «padre de la carrera espacial norteamericana», el popular Werner von Braun, fue uno de ellos pese a su condición de antiguo oficial de las SS.

mo lugar donde resultaron aniquilados el regimiento alemán y los efectivos soviéticos. Justo tras el crepúsculo, detrás del horizonte vio desde la granja un resplandor rojizo de aproximadamente un kilómetro de anchura. Centelleó durante unos instantes y después ascendió con rapidez adoptando la forma de una burbuja en llamas. La burbuja creció durante varios segundos, hasta alcanzar un tamaño parecido al del sol al atardecer. «Era como una gigantesca burbuja de jabón, pero llameante», según sus palabras. A continuación, la burbuja se fue poblando de manchas blanquecinas hasta que se desgarró en dos trozos pálidos entre los cuales podía apreciarse a la perfección el cielo nublado, y al fin desapareció de la vista.

Pocos minutos después, mientras Klimenko todavía se estaba preguntando lo que había ocurrido, el fenómeno se repitió, aunque a una escala menor, y también desapareció. Entonces llegó a la conclusión de que lo que había visto era la explosión de los depósitos de armas, aunque no había escuchado ningún ruido ni había visto humo de ningún tipo. En realidad, su suposición era errónea: uno de ellos sí estalló, pero al día siguiente, mientras que el otro fue capturado por las tropas soviéticas. ¿Qué había visto entonces?

En agosto de 1947, en el pueblo de Malyshevsk, al este de Rusia, sucedió un hecho parecido, del que fueron testigos los vecinos al contemplar una gigantesca bola roja ascendiendo tras el bosque junto al Amgun, un río afluente del Amur, también sin ruido ni destello alguno.

Estas circunstancias plantean la posibilidad de que la hipótesis alternativa sea la cierta y que es muy probable que lo que aniquiló al regimiento alemán y a la patrulla rusa fuera una *Wunderwaffe* o arma secreta experimental que portaban consigo y que, por alguna razón, escapó a su control. Si los soviéticos se hicieron con parte de esa arma en el segundo depósito que cayó en sus manos, pudieron haberla probado al final de la SGM en Malyshevsk, o tal vez se les fuera igualmente de las manos al manejarla.

Erich Hartmann, el Caballero Rubio..., o el Diablo Negro

—¿Quién es ese chaval? Nunca había visto a un piloto de 14 años. Y lo hace estupendamente, además... —observó el aviador alemán.

—Oh, es el chico de los Hartmann. Le ha enseñado su propia madre, una instructora de vuelo. Él mismo es ya instructor.

—¿Su madre? Lo lleva en la sangre entonces. Lástima que sólo dispongamos de planeadores. Dentro de un caza sería imparable.

Hartmann, el piloto adolescente.

Esta conversación es ficticia pero pudo repetirse en numerosas ocasiones entre los testigos de las evoluciones de Erich Alfred *Bubi* Hartmann en 1936. Había nacido en la localidad alemana de Weissach, pero su familia emigró a China huyendo de la depresión económica y las trampas financieras que caracterizaron la inestable república de Weimar. El estallido de la guerra civil les obligó a regresar. Su padre era médico y su madre, instructora de vuelo de planeadores, casi los únicos aviones que se permitían en Alemania por imposición del Tratado de Versalles. Con la llegada al poder de los nacionalsocialistas, la práctica de la aviación volvió a ser una actividad libre, lo que les permitió abrir una escuela de vuelo en Weil im Schönbuch.

En 1939, con 18 años, obtuvo su licencia de piloto de avión a motor y en 1940, la de piloto militar. La mayor parte de su instrucción la desarrolló a bordo del Messerschmitt BF 109, el aparato con el que conseguiría el más deslumbrante palmarés no ya de la Luftwaffe sino de cualquier fuerza aérea de la Historia. Se benefició de haber sido destinado al frente oriental en el JG52, dirigido por Hubertus von Bonin: el grupo de caza más eficaz de los registros militares, por el que pasaron muchos de los ases de la SGM. Sin embargo, su aportación no evitó la derrota alemana en Stalingrado y la retirada del frente oriental.

Ansioso por conseguir su primera victoria, durante su estreno en combate desobedeció a su compañero de ala, el experimentado Edmund *Paule* Rossmann (que consiguió 93 victorias), y se abalanzó en solitario sobre una formación de diez cazas soviéticos. Falló los disparos y tuvo que huir ocultándose entre las nubes hasta que se quedó sin combustible y se vio obligado a realizar un aterrizaje de emergencia. Tuvo que esperar veinte días más para obtener su primer derribo, un Ilyushin Il 2, a primeros de noviembre de 1942. Pero Hartmann no estaba satisfecho: quería ganar gloria a costa del enemigo y una y otra vez trataba de saltarse la formación para atacar por su cuenta. El suboficial encargado de orientarle, Alfred Grislawski, sufrió uno de esos intentos de aventura cuando volaba junto a él y en justa compensación le dedicó una impresionante regañina que concluyó con una queja directa a Rossmann, a quien le dijo, señalando al novato: «Es demasiado, mira los bebés que nos mandan ahora. Mira su cara, es un niño bonito». Y Hartmann se quedó con el apelativo de *Bubi* (en alemán, *chico*).

Otro as aéreo, Walter Krupinski (que logró casi 200 victorias), se convirtió más tarde en su amigo y también en su mejor maestro al enseñarle la paciencia necesaria y la técnica adecuada para convertirse en un auténtico piloto de caza. Se trataba de aprovechar las ventajas de sus aparatos para lanzarse en picado y sorprender al enemigo, dispararle cuando estaba ya muy cerca para causar el mayor daño posible, y largarse antes de que sus compañeros tuvieran tiempo de reaccionar. La táctica se resumía en cuatro verbos: ver-decidir-atacar-romper contacto. Gracias a Krupinski, mejoró lo bastante como para derribar siete aviones en un solo día durante los masivos combates aéreos en plena batalla de

Kursk, en julio de 1943. En septiembre, ya totalizaba casi un centenar de derribos y fue nombrado jefe de escuadrilla.

Durante uno de sus combates en el frente ruso, varios pedazos del fuselaje de uno de los cazas soviéticos que derribó impactaron en su aparato y tuvo que aterrizar forzosamente en territorio enemigo. Cuando los soldados soviéticos se acercaron a capturarlo, fingió heridas internas y fue trasportado en camilla hasta un camión. Entonces atacaron la zona los aviones de sus compañeros y aprovechó la ocasión para escapar y ocultarse en un campo de girasoles. De noche, regresó andando a sus filas.

Para primeros de marzo de 1944 superaba ya las 200 victorias. Sus cifras eran tan elevadas que la Luftwaffe analizó cada certificación con especial cuidado, pues no daba crédito a semejante eficacia, pero tuvo que rendirse a la realidad. *Bubi* se convirtió en un mito para sus compañeros, que le bautizaron como el Caballero Rubio. Para los soviéticos, sin embargo, era el Diablo Negro. El nombre se debía a que la punta de su caza estaba pintada de negro en forma de tulipán. Además de este detalle, junto a la cabina llevaba un corazón atravesado por una flecha con el nombre de Usch, en homenaje a su novia Úrsula, y en el fuselaje lucía el número 1 de líder de escuadrilla. Con todas estas marcas, era fácil distinguirle en el aire y por ello el mando soviético ofreció una recom-

Recibiendo las Hojas de Roble.

pensa de 10.000 rublos al piloto que lograra derribarle. Sin embargo, la mayoría de los que se cruzaban con él le evitaban y no combatían a no ser que fuera estrictamente necesario, pues conocían su fama y su puntería. Con más de 250 victorias en su haber, en marzo de 1944, él y varios de sus compañeros recibieron personalmente de manos del Führer las Hojas de Roble para su Cruz de Caballero de la Cruz de Hierro.

En mayo de 1944, *Bubi* derribó sobre Bucarest, en Rumanía, sus primeros aviones occidentales: dos P51 Mustang norteamericanos. A mediados de agosto alcanzó su victoria 274, lo que le convirtió de hecho en el mejor piloto de combate de la guerra, y a finales del mes ya había sobrepasado la espectacular cifra de los 300 derribos y recibió los diamantes para su Cruz de Caballero: sólo 27 militares alemanes en toda la SGM hicieron méritos suficientes para lograr semejante distinción. Entonces Hermann Göring firmó una orden para prohibirle que volviera a volar, pues sus asesores temían el efecto psicológico que podría causar entre sus camaradas y entre la población civil que su principal héroe fuera derribado en combate.

Sin embargo, él se tenía por un piloto muy cuidadoso y de hecho se jactaba de que nunca había muerto ninguno de sus compañeros de ala ni de los escoltas que habían volado con él. A pesar de sufrir una quincena de aterrizajes forzosos durante la guerra, él mismo no fue herido ni en una sola ocasión. Así que, gracias a su esfuerzo y a las influencias de sus colegas, como Adolf Galland, consiguió que se levantara la prohibición. Mientras esperaba el regreso a la actividad se casó, el 10 de septiembre de 1944, con su novia de toda la vida: Úrsula Pätsch. Galland quería que se enrolara en su escuadrilla, que volaba ya con los revolucionarios Messerschmitt Me 262, el primer avión a reacción de la historia, pero Hermann Graf, también amigo y compañero de *Bubi*, logró convencerle para que regresara al frente oriental. Con el grado de comandante del JG52, a mediados de abril, alcanzó su victoria 350. El 8 de mayo de 1945, último día de la guerra, logró cerca de la localidad checa de Brno su último derribo, que hacía el 352, una marca todavía no superada por piloto alguno en todo el mundo. Al aterrizar, ordenó la destrucción de los 25 aviones de su escuadrilla junto con su munición para que no cayeran en manos aliadas y se rindió junto con sus hombres a la 90 división de infantería del ejército de EE.UU., que se encontraba en la zona.

Los norteamericanos le entregaron a los soviéticos, quienes trataron de «rentabilizar» tan jugosa captura con un abanico de ofertas: fue interrogado exhaustivamente para obtener información sobre los avances aéreos alemanes, maltratado brutalmente cuando se negó a espiar a otros oficiales alemanes detenidos con él, más tarde se le ofreció inmunidad y hasta un puesto de responsabilidad en la nueva fuerza aérea de la Alemania oriental si se convertía al comunismo... Como no cedió, los soviéticos prefabricaron una acusación de crímenes de guerra y le condenaron a 25 años de trabajos forzados. *Bubi* se negó a aceptar una sentencia injusta por un delito no cometido (en los años noventa serían retirados definitivamente todos los cargos) y pasó casi medio año encerrado en una celda de castigo. Tras diez años y medio de sufrimientos, en 1955 fue liberado gracias a un acuerdo de intercambio comercial entre la República Federal Alemana y la URSS que incluía una cláusula para liberar a los últimos prisioneros de guerra oficialmente en poder de Moscú.

Debido a su juventud, a su regreso a una Alemania reducida a la tercera parte de lo que había sido todavía pudo alistarse otra vez en la nueva Luftwaffe de la Bundeswehr, el ejército democrático. Nombrado comandante del primer grupo de aviones a reacción de la posguerra, el JG71, años más tarde se enfrentó públicamente con los políticos responsables de dotar a su unidad con un avión tan inseguro como el norteamericano Lockheed F104 Starfighter, conocido entre los pilotos como «el ataúd volante». Se retiró de la vida militar en 1970 y trabajó como instructor de vuelo.

El mayor as de la historia de la aviación de caza falleció en 1993 a los 71 años de edad.

7

Pearl Harbour. La excusa perfecta

El escenario

El ataque de Pearl Harbour fue una apuesta arriesgada que terminó saliendo mal para Japón. Se basaba en la filosofía del refrán «el que da primero, da dos veces» y su objetivo básico era neutralizar la flota norteamericana en el Pacífico en el convencimiento de que con esa primera ventaja tal vez fuera posible frenar el poderío que podía llegar a desarrollar en la región y alcanzar una paz rápida.

Japón no deseaba la guerra con EE.UU., como no la deseaba Alemania. Ambos países del Eje tenían sus propios enemigos declarados (los japoneses luchaban para imponerse en Asia con los chinos como principales rivales, mientras los alemanes trataban de imponerse en Europa oriental con los soviéticos como sus adversarios) y eran conscientes de que la intervención norteamericana en ambos casos podía desequilibrar la balanza fatalmente en su contra.

Por tradición, los norteamericanos son un pueblo con intereses muy locales y poco o nada preocupados por lo que ocurre más allá de su comunidad. Paradójicamente, están gobernados por una clase política intervencionista y expansionista. Las numerosas aventuras militares en el exterior en las que se ha involucrado el país de las barras y estrellas a lo largo de su corta pero turbulenta historia han sido impulsadas por esos dirigentes provocando incidentes previos, como sucedió con la misteriosa explosión del acorazado *Maine* en el puerto de La Habana, que «justificó» la guerra contra España en 1898, o incluso inventándoselos, como el falso ataque de lanchas torpederas vietnamitas a destructores norteamericanos, que permitió declarar la guerra a Vietnam en 1964.

El golpe de Pearl Harbour, en todo caso, permitió a los japoneses ocupar posiciones importantes en puntos como Filipinas, Singapur o Hong Kong e incluso amenazar a la India.

Franklin Delano Roosevelt: «¡Quiero ir a la guerra!»

La experiencia de la PGM, que había costado mucha sangre y dinero a las familias norteamericanas a cambio de bien poca cosa en el panorama de las relaciones internacionales, condujo en 1935 a la aprobación en el Congreso de Washington de la llamada Neutrality Act (*Acta de neutralidad*), por la cual se prohibía expresamente la exportación de productos de interés militar a países envueltos en un conflicto bélico. Dos años después, la ley fue ampliada con la norma de Cash and Carry (*Pago y transporte*), por la que los artículos de interés no militar que fueran adquiridos en EE.UU. por dichos países deberían ser pagados al contado y transportados en buques de esas nacionalidades. A todo lo cual se sumó la declaración formal de neutralidad hecha pública en 1939 cuando comenzó la SGM.

Franklin Delano Roosevelt se presentó, de hecho, a las elecciones presidenciales de noviembre de 1940 con un mensaje pacifista. Son famosas las frases de sus mítines, cuando clamaba que «no intervendremos, directa ni indirectamente, en la guerra de Europa ni en la de Asia» e insistía en que «yo os prometo, madres americanas, que vuestros hijos no serán enviados a morir en guerras ajenas; os he dicho, y no me cansaré de repetirlo, que lucharé siempre por mantener a este país alejado de conflictos bélicos que le son ajenos». Así fue elegido por tercera vez consecutiva presidente de Estados Unidos.

Chapa electoral de Roosevelt.

A pesar de sus promesas, Roosevelt sí quería la guerra, y la quería ya. Las razones por las que uno de los presidentes más populares de la historia de EE.UU. (y el que más legislaturas ocupó el cargo) engañó a sus conciudadanos son diversas, y no todas han salido a la luz pública. Para sus hagiógrafos, se trataba sobre todo de un compromiso con la democracia y contra los regímenes totalitarios... Pero esto no es cierto: si bien se mostró inflexible contra la dictadura nacionalsocialista en Alemania y la dictadura fascista en Italia, siempre apoyó desmesuradamente la dictadura comunista en Rusia y no tuvo problemas para llevarse bien, si convenía a sus propósitos, con otros regímenes, como la dictadura franquista en España.

Entre los motivos más claros para justificar los pasos que dio para implicarse en la SGM, figuran su deseo de convertir EE.UU. en una superpotencia, sustituyendo al Reino Unido como nuevo imperio anglosajón, o la necesidad de dinamizar la economía norteamericana, pues su publicitada política económica del New Deal (*Nuevo acuerdo*), aunque tuvo un importante impacto social, en modo alguno atajó la crisis económica del país.

Al comienzo de su tercer mandato, Roosevelt y su equipo ya habían decidido ir a la guerra pero aún no sabían cómo justificarla ante su opinión pública. En todo caso su primera medida tras la reelección fue proponer la instauración del servicio militar obligatorio. Poco después, ordenó el incremento de producción de armamento. Mientras apartaba con todo tipo de maniobras a los políticos más populares partidarios de la neutralidad, se dedicó a presionar a varios países europeos animándoles a entrar en guerra junto al Reino Unido y Francia en contra de Alemania y cambió la Ley de préstamos para favorecer la venta de material bélico a los británicos. También ordenó congelar los créditos norteamericanos a intereses alemanes, cerrar sus embajadas y legaciones consulares e incautar sus barcos comerciales. Todo ello mientras el país continuaba siendo, oficialmente, neutral. En Berlín no pasaron inadvertidos estos movimientos, pero se dio orden estricta a la Kriegsmarine y la Luftwaffe de evitar cualquier tipo de represalia contra los incidentes gratuitos que Roosevelt sugirió llevar a cabo en el Atlántico, pues conocían los riesgos de una implicación directa de los norteamericanos.

Hoy se sabe, por su intercambio epistolar con Winston Churchill, que Roosevelt se había comprometido a ayudar directamente a los británicos desde al menos 1940. Ya lo hacía indirectamente, con la venta

Roosevelt y Churchill en el *Prince of Wales*.

como «chatarra» de material militar valorado en cientos de millones de dólares de la época. En marzo de 1941, el presidente estadounidense disponía de un Plan Común de Guerra negociado entre una comisión militar de su país y otra del Reino Unido para una intervención en Europa y otro para el Pacífico. Recibió el código secreto de Rainbow (*Arco iris*). En agosto de ese mismo año, embarcó con Churchill en el buque de guerra *Prince of Wales*, donde firmó la conocida como Carta del Atlántico Norte cuyo objetivo declarado era el «aplastamiento definitivo de la tiranía nazifascista». Irónicamente, el *New York Times* calificaría este documento como «el "Mein Kampf" yankee».

Estaba todo listo, pero seguía faltando la excusa. Roosevelt no se atrevió a declarar directamente la guerra, pues sabía que no contaría con el apoyo necesario ni siquiera en las filas de su propia formación: el Partido Demócrata. Harry Hopkins, uno de sus principales asesores, resumió la situación al afirmar que «sería deseable entrar en la guerra de forma que Alemania fuese la agresora (…) evidentemente, el Congreso no dará su aprobación a una declaración (por parte de Washington)». Entonces, a alguien de su equipo se le ocurrió la solución: si no se podía provocar a Alemania, podía resultar más fácil hacerlo con Japón, uno de sus aliados directos por el pacto del Eje, que estipulaba la defensa mutua en el caso de que uno de los firmantes fuera agredido por un tercer país.

La política de incidentes se orientó entonces hacia Japón, concentrándolos en el plano económico y financiero. Se congelaron sus valores en Estados Unidos, se paralizó el comercio con el país del Sol Naciente, se suspendieron las exportaciones de petróleo, se presionó a los países iberoamericanos para que rompieran relaciones con Tokio y se humilló de todas las formas posibles a los numerosos enviados del príncipe Kanoye, presidente del consejo de ministros nipón, que trató de reunirse en varias ocasiones con Roosevelt para arreglar las relaciones y nunca fue recibido.

Incluso se envió un ultimátum (que fue ocultado a los congresistas, la prensa y, en última instancia, a todos los ciudadanos norteamericanos) al gobierno japonés el 26 de noviembre de 1941 para que abandonara los territorios que había conquistado en Indochina y Manchuria en su guerra en la región que hasta entonces no había merecido el más mínimo interés de la administración Roosevelt.

Era cuestión de tiempo que los japoneses reaccionaran con la única salida que les dejaba Washington: la guerra. Y el objetivo primero estaba claro: la agresión contra Pearl Harbour, en Hawai. Era este el cuartel general de la flota estadounidense del Pacífico y su eliminación suponía una gran ventaja de partida en un conflicto que, dados los contendientes, se disputaría en gran parte en el océano. El embajador norteamericano en Tokio Joseph Grez avisó personalmente a Roosevelt de que en caso de conflicto ese sería el primer blanco, y Martin Dies, miembro del Congreso, facilitó el plan de ataque que seguirían los nipones cuatro meses antes de que se produjera.

El equipo del presidente fue informado por numerosas fuentes de que la Armada nipona atacaría la base y hasta se le facilitó el día y la hora. Los servicios de contraespionaje norteamericanos habían descifrado el Código Púrpura o código secreto japonés que permitía captar los mensajes de Tokio a sus diplomáticos en territorio americano y desde el 24 de septiembre se conocía la fecha del ataque, que se produciría el domingo 7 de diciembre si no se levantaba el bloqueo a Japón. El vicealmirante Robert E. Theobald, uno de los jefes de la flota del Pacífico, escribió en Last secret of Pearl Harbour que «a pesar de que se conocía con todo lujo de detalles el plan de ataque japonés, sólo se envió un mensaje de alarma (...) utilizando la vía ordinaria (...) una inútil comunicación que llegó ocho horas después de comenzado el ataque».

Murieron miles de norteamericanos, pero «mereció la pena», según palabras de Roosevelt. John T. Flynn, su biógrafo, cuenta que el presidente le había confesado a Henry Lewis Stimson, su secretario (ministro) de la Guerra, textualmente que «la mejor táctica es obligar a los japoneses a descargar el primer golpe». Gracias a sus maniobras, el presidente ya tenía su guerra. Públicamente, calificó lo ocurrido como una infamia. De hecho, desde entonces aquella jornada sería recordada así, como el Día de la infamia. Pero no fue una infamia exclusivamente japonesa.

Harry Ervin Yarnell y el Problema N.º 13 de la Flota

—Señores: el portaaviones es el barco del futuro —insistía el almirante Yarnell.

—Lamento disentir, pero esa opinión no tiene pies ni cabeza. Los buques de superficie son los que mandan en el Atlántico y en el Mediterráneo. Y también lo harán en el Pacífico —respondió uno de los principales oficiales del alto mando naval norteamericano.

—Eso lo veremos —concluyó, furioso, el almirante Yarnell— en las maniobras del próximo mes de febrero. Caballeros, nos veremos en Pearl Harbour...

Más o menos en estos términos se desarrolló la parte final del debate que enfrentó al almirante Harry Ervin Yarnell con los responsables de la Armada de EE.UU. a comienzos de 1932. El almirante defendía la necesidad de que su país invirtiera en la construcción de portaaviones, convencido de que a no mucho tardar protagonizarían las guerras, en especial en la inmensidad del océano Pacífico, al facilitar el transporte de medios aéreos y de recursos humanos. Las opiniones de la mayoría de altos oficiales en Washington iban en sentido contrario y apostaban por buques de guerra clásicos, como los destructores y los acorazados.

Uno de los objetivos de las maniobras navales previstas para comienzos de febrero era dilucidar cuál de las dos opciones era la correcta. En las costas de California se habían concentrado un par de centenares de buques que se dividieron en dos equipos. Uno defendería Pearl Harbour y otro lo atacaría, lógicamente sin emplear munición real. Yarnell comandaría la flota atacante y tenía manos libres para organizarla como quisiera.

Hay que destacar que Pearl Harbour estaba ya entonces considerado como uno de los mejores puertos naturales del mundo y contaba con unas defensas respetables: entre ellas, una división de infantería, un centenar de cazas y bombarderos y fuertes baterías de costa y antiaéreas.

Yarnell no era un oficial inexperto. Nacido en 1875 en Iowa, su larga carrera militar se desarrolló durante 51 años y numerosos enfrentamientos bélicos. Se estrenó a bordo del *USS Oregon* en la desigual batalla de Santiago de Cuba en julio de 1898, en la que una flota norteamericana muy superior en número de barcos y armamento masacró a placer la desvencijada y anticuada flotilla española. Después estuvo en la guerra de Filipinas, en la rebelión de los bóxers y en la PGM, entre otros escenarios.

Su experiencia debía servir, en teoría, para orientar a los oficiales más jóvenes, pero muchos no creían que un militar tan veterano pudiera enseñarles gran cosa sobre la guerra moderna. Tras los ejercicios navales, cambiarían de opinión.

El almirante Latimer saluda a Yarnell, a la derecha.

Aproximadamente media hora antes del amanecer del domingo 7 de febrero de 1932, la pequeña flota de Yarnell se presentó por sorpresa junto a la isla de Oahu con sólo dos portaaviones, el *Saratoga* y el *Lexington*, que navegaban con una escolta de apenas cuatro cazatorpederos. La decisión de organizar semejante orden de ataque había sido completamente impensable hasta entonces, pues todos los oficiales en los barcos que participaban en las maniobras (empezando por aquellos que quedaron excluidos de la ofensiva) daban por hecho que esta se desplegaría empleando grandes buques de guerra «como siempre se ha hecho», no sólo dos simples «transportes de aviones». Para resaltar aún más sus tesis, la exigua escuadra ni siquiera contaba como era habitual hasta entonces con un acorazado como buque insignia: el almirante viajaba a bordo del *Saratoga*.

De esta manera, y gracias también a una tormenta que sirvió como abrigo y escondite a su minúscula flota, esta pudo pasar inadvertida para los ojeadores de la defensa de la isla donde estaba ubicada la base objeto de aquellos juegos de guerra. Los ojeadores esperaban una gran concentración de barcos para un ataque mucho más contundente y, sobre todo, naval, no aéreo.

En lugar de eso, un total de 152 aeroplanos despegaron de los dos portaaviones sobreponiéndose a las condiciones adversas del mal tiempo reinante y se aproximaron desde el nordeste de la isla. Se empleó esta dirección porque en aquella época los vientos alisios empujan las nubes de forma que terminan por acumularse contra las montañas Koolau. Así, los cazas y los bombarderos podían avanzar cubiertos y surgir como de la nada sobre el cielo de Pearl Harbour sin dar tiempo al despegue de los aviones de defensa.

El ataque de Yarnell fue un éxito absoluto. Varias escuadrillas dejaron fuera de combate a los cazas que estaban en tierra: ni uno solo pudo salir del aeropuerto al quedar todos eliminados del juego. Otros grupos del equipo ofensivo realizaron el bombardeo teórico de todos los objetivos militares y hundieron todos los barcos que se suponía estaban fondeados en la base.

Los responsables del equipo defensivo comprendieron entonces, enrabietados, que el viejo almirante les había batido en toda regla y que, si sus aviones hubieran llevado bombas y munición de verdad, aquello habría sido una verdadera catástrofe.

El portaaviones *Saratoga*.

El análisis de aquellas maniobras navales revolucionó la Armada de Estados Unidos. El informe de lo ocurrido aquel domingo, con el nombre oficial de Problema N.º 13 de la Flota, empezó a circular por todo tipo de despachos y salas de reunión. Tras estudiar las maniobras, numerosos jefes y oficiales reconocieron la valía de las tesis de Yarnell y propusieron apoyarle reorganizando la estructura vigente en la que el acorazado era el barco principal y el avión apenas constituía un elemento auxiliar, para imponer el portaaviones como elemento central de las flotas. Sin embargo, fueron mayoría los altos responsables que opinaron que el plan del almirante sólo podía considerarse un golpe de suerte, ayudado por unas condiciones meteorológicas favorables y por el hecho de haber escogido para atacar un día festivo, en el que la defensa estaba más relajada. En consecuencia, el informe final de recomendación enviado a Washington fue el de continuar igual que si nada hubiera ocurrido, sin primar la construcción de portaaviones sobre la de acorazados y mucho menos sustituir estos últimos como elemento clave de la Armada.

El documento del Problema N.º 13 de la Flota también se discutió en unas instalaciones militares muy diferentes: las japonesas. Los espías nipones destacados en Oahu habían sido testigos de lo ocurrido durante los juegos de guerra y pronto tuvieron ante sí un panorama completo con todos los detalles. Sus informes llegaron a Tokio y fueron estudiados con interés por la Armada del país del Sol Naciente. Las recomendaciones de Yarnell no cayeron en saco roto, sino en el saco de Japón, cuya Marina sí fue reorganizada aplicando los razonamientos del almirante estadounidense. Se dio prioridad a la construcción de portaaviones y empezó la instrucción específica de grandes unidades de aviación que operarían embarcadas.

No sólo eso: cuando el 7 de diciembre de 1941 la aviación militar japonesa se lanzó sobre Pearl Harbour lo hizo siguiendo milimétricamente los pasos diseñados por Yarnell. Incluso atacó en domingo. Los primeros en reconocer el plan fueron los aviadores que habían participado en las maniobras de 1932 y aún continuaban en activo. Hasta las pérdidas de los japoneses fueron aproximadamente las mismas que las que había previsto el almirante estadounidense si su ataque hubiera sido real. Y los resultados finales también fueron calcados, con el hundimiento o graves averías de la flota anclada. En este caso, 8 acorazados, 3 cruceros, 3 torpederos y 4 embarcaciones auxiliares. Eso, sin contar las instalaciones arrasadas, más casi 200 aviones destruidos y otros 160 aviones averiados y más de 3.000 militares muertos.

La clave empleada por la Armada Imperial japonesa para transmitir el éxito en el ataque a Pearl Harbour fue «¡Tora, Tora, Tora!» En japonés, *tora* significa *tigre*: uno de los animales salvajes emblemáticos en Asia, muy conocido por su fuerza, su ferocidad y su elegancia así como su capacidad de acecho y sorpresa, cualidades todas ellas que muchos militares japoneses pretendían imitar.

Esa expresión fue empleada para el título de la que quizá sea la mejor película sobre el ataque a Pearl Harbour jamás rodada, ya que reproduce paso a paso los acontecimientos del 7 de diciembre de 1941. Richard Fleischer encabezó el equipo de dirección junto a Kinji Fukasaku y Toshio Masuda en 1970. Cuenta con excelentes efectos especiales para la época y se convirtió en un arrollador éxito de taquilla. Aunque acumuló cinco candidaturas al Óscar, Hollywood no supo premiarle más que con el galardón de mejores efectos visuales.

Para completar el cuadro, el día del ataque nipón no había en Pearl Harbour ningún portaaviones, así que, por decisión de la diosa Fortuna y pese a las reticencias del alto mando naval estadounidense, al final sería la escuadra de portaaviones la encargada de devolver el golpe.

Retirado tras tres años como comandante de la Flota Asiática de EE.UU. (que sobreviviría como tal hasta la reorganización puesta en marcha en 1942), el almirante Yarnell había sido llamado de nuevo al servicio activo curiosamente un mes antes del ataque japonés. Debió vivir con especial amargura el bombardeo, al reconocer las líneas maestras que él mismo había diseñado nueve años antes. Con algún paréntesis, participó en diversas operaciones de la Marina hasta diciembre de 1944 cuando al fin fue retirado del todo. Fallecería en 1959 en su hogar de Rhode Island, rodeado de múltiples condecoraciones y reconocimientos, y de sus recuerdos tras 51 años de servicio en la Armada de Estados Unidos.

Gregory Boyington: de Tigre Volador a Oveja Negra

El ataque japonés a Pearl Harbour generó una oleada de indignación entre la opinión pública norteamericana, como era de esperar. Muchos ciudadanos se presentaron voluntarios para vengarse de los nipones y colapsaron las oficinas de reclutamiento con todo tipo de aspirantes a militar, unos más preparados que otros. Un conflicto de esta naturaleza es un escenario perfecto para que una persona anodina o incluso fracasada socialmente descubra sus ocultas capacidades marciales y acabe cobrando protagonismo personal. Es el caso de *Pappy* Boyington, un perfecto indeseable como ciudadano y, sin embargo, un brillante e insustituible piloto de combate.

Gregory *Pappy* Boyington había nacido en Idaho, en el seno de una familia disfuncional, con sus padres divorciados y su madre vuelta a casar con un hombre con serios problemas con la bebida. A los 6 años de edad viajó por primera vez en avión junto a un piloto acrobático llamado Clyde Pangborn, que algunos años más tarde sería el primero en atravesar el Pacífico sin escalas desde Japón hasta EE.UU., y es probable que esta experiencia le generara una temprana atracción por los cielos. En 1930, ingresó en la Universidad de Washington, donde compaginó sus estudios con la práctica de la lucha libre, que también le fascinaba, y se unió al Cuerpo de Entrenamiento de Oficiales de la Reserva. En la misma universidad conoció a la que sería su mujer, con la que se casó nada más graduarse como ingeniero aeronáutico y con la que tuvo un hijo a los diez meses de la boda.

Después de trabajar durante un año en la Boeing se alistó como cadete de aviación en la Reserva en la Infantería de Marina, aunque sus primeros tiempos no fueron fáciles porque le costó mucho dominar el hidroavión Consolidated NY2, uno de los aparatos que se utilizaban para los entrenamientos en la escuela aérea de Pensacola, Florida.

En aquella época compartió aulas y se relacionó con algunos de los que posteriormente serían principales ases de la aviación estadounidense, como Richard Mangrum o Bob Galer. Fue también al ingresar en las fuerzas armadas cuando descubrió, al solicitar el documento de su acta de nacimiento, que quien él creía su alcohólico padre, el señor Hallenbeck, en realidad era su alcohólico padrastro y que su verdadero apellido se lo debía al dentista Charles Boyington. Se libró de un peso psicológico, mas, paradojas del destino, él mismo comenzó a beber. Hasta entonces no había probado prácticamente el alcohol pero varios de los alumnos de Pensacola eran reconocidos consumidores y no bien le iniciaron pronto amasó su propia sólida fama de bebedor y camorrista.

Al fin fue capaz de terminar los estudios y graduarse como piloto en 1937. Aprovechando su licencia de un mes tras la graduación regresó a casa, recuperó un comportamiento normal y dejó embarazada a su mujer de su segundo hijo.

En aquellos años, el reglamento militar especificaba que los aviadores debían ser solteros, pero Boyington logró esconder su matrimonio a sus superiores gracias al «baile» de padres. Gregory Hallenbeck, su antigua identidad, era un hombre casado, pero Gregory Boyington, el actual, no lo estaba, al menos oficialmente.

Enviado a Filadelfia para perfeccionarse en la Escuela Básica del cuerpo de Marina, perdió pronto la motivación y volvió a abrazar la bebida, lo que le llevó a protagonizar constantes peleas, acumular deudas impagables y ofrecer un pobre rendimiento teórico. Muestra de su descontrolada existencia fue la apuesta que le llevó a lanzarse desnudo al mar tratando de cruzar a nado la bahía de San Diego: terminó en la cárcel de la policía naval. Lo más interesante de todo es que, pese a su irresponsable indisciplina, en las prácticas de caza destacaba como el mejor piloto del grupo. Resulta difícil averiguar si su talento se debía a su forma de ser o si hubiera sido aún mejor si hubiera cuidado más de sí mismo.

En 1941, de regreso a Pensacola, se enfrentó con uno de sus superiores por los favores de una mujer que no era su esposa. Estaba a punto de abandonar la Marina antes de que le expulsaran oficialmente, cuando encontró la manera de darle un cierto sentido a todo lo que había aprendido durante aquellos años. El presidente Roosevelt, buscando la manera de implicar a su país en la SGM, decidió ayudar militarmente a China en su enfrentamiento con Japón. Para ello ordenó al teniente general Claire Lee Chennault que pusiera en marcha una unidad encubierta de pilotos de combate, el Grupo de Voluntarios Americanos, que oficialmente serían empleados civiles de la Central Aircraft Manufacturing Company. El sueldo que se pagaba era prácticamente el triple de lo que ganaba un piloto medio de la Marina e incluía un extra por cada avión nipón que fuera destruido. Boyington no se lo pensó dos veces y se enroló el 1 de agosto. Cuatro días después se había gastado ya su primera paga y su familia, harta de su errática existencia, le abandonaba, pero él marchó ilusionado a su nuevo destino.

Reparando un «tigre volador».

Los aviadores del Grupo de Voluntarios Americanos pasarían a la historia con el nombre con el que les bautizó la prensa norteamericana: los Tigres Voladores, debido a la decoración del morro de los aparatos, simulando bocas llenas de dientes.

En realidad, los dientes eran de tiburón, imitando los dibujos empleados por los pilotos alemanes para sus aviones, pero aceptaron el cambio de fiera.

Trasladados a Asia, los Tigres Voladores participaron en diversas misiones, incluyendo la defensa de Birmania. Más tarde serían absorbidos por la Fuerza Aérea en 1942. La eficacia de estos felinos aéreos fue elevada: derribaron casi 290 aviones japoneses y perdieron a cambio sólo a una docena de los suyos. Boyington reclamó durante mucho tiempo que se le reconociera la destrucción de seis aparatos, aunque oficialmente sólo se le querían certificar tres y medio. En todo caso, su habilidad le convirtió en uno de los pilotos estelares del grupo. Además de victorias militares también consiguió algunas victorias sexuales, como su relación con la escritora Olga Greenlaw, autora del libro *La dama y los tigres*, y esposa del comandante en jefe del grupo.

Huyendo de los problemas, regresó a Estados Unidos y buscó reengancharse en el Cuerpo de Marines. Allí aún recordaban su expediente personal y no deseaban recuperarle, pero la necesidad de pilotos experimentados pudo más que la prudencia y al final le readmitieron. Trasladado a Nueva Caledonia con el rango de mayor, continuó sus enfrentamientos con sus superiores.

Sin embargo, también en esa época los corresponsales de guerra, ávidos de nuevas historias, empezaron a escribir sobre él y su estancia con los Tigres Voladores, sobre los que incluso se había rodado una película protagonizada por John Wayne. Todo ello le proporcionó la suficiente promoción personal para que se le encargara, en agosto de 1943, la formación de un nuevo grupo de combate para el Pacífico, el VMF 214, que resultó todo un éxito.

La mayoría de los pilotos de este grupo tenían en torno a 20 años, frente a los 30 de Boyington, motivo por el cual sus hombres le adjudicaron el apodo de *Gramps* o *Abuelete*.

A medida que los éxitos se acumularan y se convirtieran en material idóneo para llenar patrióticas páginas de periódicos, la prensa estadounidense le rebautizaría como *Pappy* o *Papito*, denominación que

El *Corsair* se empleó tanto en la SGM como en la guerra de Corea y fue construido hasta en 16 modelos diferentes. Fue tan popular que se convirtió en el caza con motor de explosión producido durante más tiempo, entre 1942 y 1953, en toda la historia de Estados Unidos. Sirvió en varios cuerpos norteamericanos, también en la Royal Navy británica, la Real Fuerza Aérea de Nueva Zelanda y la Aéronavale de la Marina francesa, además de otros países hasta el decenio de los años sesenta del siglo XX.

La Armada norteamericana empezó a utilizarlo en el Pacífico desde abril de 1944 y pronto se convirtió en el caza embarcado más poderoso de este teatro de operaciones. Incluso los japoneses lo reconocieron, tras comparar las 2.140 victorias obtenidas por este magnífico caza con las apenas 189 pérdidas de aparatos propios.

Corsairs embarcados en un portaaviones estadounidense.

no solía ser utilizada por sus colegas. Los primeros integrantes del nuevo grupo aéreo buscaron un nombre original con el que reconocerse más allá de las siglas oficiales y propusieron el de *Boyington's Bastards Squadron* (*Escuadrilla de los bastardos de Boyington*), que contaba con un apoyo mayoritario pero que al final se desechó porque sabían que el alto mando no lo aprobaría. Al final se decidieron por el de *Black Sheep Squadron* (*Escuadrilla Oveja Negra*) como todavía hoy se le conoce, con sede actual en Yuma, Arizona. La diferencia es que los pilotos actuales utilizan el jet Harrier AV8B, mientras que los primeros miembros del grupo empleaban el Chance Vought F4U, más conocido como *Corsair* o *Corsario.*

Con la firme y arriesgada dirección de Boyington, los Ovejas Negras pronto se hicieron famosos. En su primera misión de escolta a bombarderos a mediados de septiembre de 1943 derribaron una docena de aviones japoneses confirmados y varios más sin confirmar. El propio jefe del grupo se anotó cinco de los certificados y se convirtió así en el militar más popular en Estados Unidos. La escuadrilla planteó entonces una apuesta pública: pidieron a la Serie Mundial de Béisbol que les enviara una gorra por cada Zero japonés derribado. En medio del entusiasmo general, las autoridades deportivas llegaron a mandar hasta 20 gorras según se iban comunicando las acciones de los Ovejas Negras. Se detuvieron en ese número de envíos para no arruinar su presupuesto porque en un plazo inferior a los tres meses, los hombres de Boyington habían derribado cerca de 200 aparatos nipones.

Se cuentan numerosas anécdotas sobre la temeraria actuación de esta escuadrilla. Su propio líder relata en su autobiografía que en cierta ocasión los japoneses trataron de engañarle haciéndose pasar por norteamericanos y pidiéndole su posición. Él se la dio, pero manteniéndose 5.000 pies más arriba. En efecto, al poco rato apareció un grupo importante de aparatos japoneses. Según cuenta Boyington, aprovechó su posición de ventaja y el efecto sorpresa para derribar hasta doce cazas enemigos. No hay confirmación de este episodio, por mucho que insistiera él en su veracidad.

Boyington, condecorado con la Medalla de Honor del Congreso.

Estaba a punto de convertirse en el mejor piloto norteamericano, pues ya tenía 22 derribos certificados y se aproximaba al récord de Eddie Rickenbacker, establecido en 26, pero el 3 de enero de 1944 su *Corsair* fue cazado por un as japonés: Masajiro Kawato.

Aunque en un primer momento fue dado oficialmente por desaparecido en combate y sus compañeros pensaron que había muerto, Boyington logró amerizar violentamente sobre el océano y, aun herido, subir a su balsa salvavidas, donde permaneció varias horas flotando a la deriva hasta que fue recogido por un submarino japonés y hecho en consecuencia prisionero de guerra. Tuvo una suerte doble, pues el sumergible le dejó pronto en tierra y se hizo de nuevo a la mar, donde fue hundido pocos días más tarde. Trasladado a un campo de prisioneros cerca de Tokio, allí esperó internado hasta el fin de la guerra en agosto de 1945.

A mediados de septiembre de ese mismo año regresó a casa y sus compañeros Ovejas Negras le organizaron una fiesta de bienvenida que duró tres días consecutivos en un hotel de San Francisco. La juerga fue tan celebrada que la revista *Life* le dedicó un extenso artículo incluyendo las primeras fotografías publicadas por este medio de comunicación en las que aparecía gente bebiendo alcohol. Recién ascendido a teniente coronel, se le ordenó ir a Washington para recibir de manos del presidente Harry S. Truman la Medalla de Honor del Congreso, el más alto honor de la nación. La medalla se la había otorgado Roosevelt en marzo de 1944, cuando la opinión general era que había fallecido. Se cumplió así la paradoja de que quien murió de verdad fue el presidente norteamericano y Boyington recibió la condecoración de manos de su sucesor. También recibió otros galardones como la Cruz de la Armada.

El 1 de agosto de 1947, Boyington se retiró definitivamente de la Infantería de Marina con el rango de coronel. El cuerpo militar se lo quitó de encima, visto que había vuelto a las andadas. El piloto extraordinario de eficiente instinto asesino y gran capacidad de liderazgo tenía que disfrazarse de nuevo de ciudadano corriente, progresivamente anónimo según se apagaba el eco de sus hazañas bélicas, y no pudo soportarlo. Volvió el alcoholismo, las relaciones con mujeres solteras y casadas, más matrimonios y más divorcios, trabajos que no duraban..., y finalmente la bancarrota. En 1957 recuperó parte del protagonismo que tanto le gustaba a raíz de la publicación de sus memorias *Baa Baa Black Sheep* (*Bee Bee Oveja Negra*). Entre 1976 y 1978 recibiría otra inyección de popularidad con la serie televisiva que la NBC emitió basada en su autobiografía y en la que el actor Robert Conrad interpretó su papel. El mismo Boyington intervino en un cameo en un par de episodios de la serie.

Definitivamente jubilado, el antiguo Tigre Volador murió en enero de 1988, víctima de un cáncer de pulmón. Merced a su elevada condecoración, fue enterrado en el Cementerio Nacional de Arlington con todos los honores, incluyendo un sobrevuelo en formación de cazas de la Base Aérea Andrews. En agosto de 2007, un aeropuerto de su Idaho natal fue rebautizado con su nombre.

Philip Toosey y el verdadero puente de Tamarkan

Cuando los norteamericanos intervinieron en Asia, los británicos llevaban años luchando con no demasiada fortuna. Un ejemplo es el caso de Philip Toosey, quien trabajó en la banca y el comercio antes de alistarse en 1927 como oficial de artillería en la reserva del Ejército británico. Doce años más tarde comenzaba la SGM y su unidad era movilizada con destino a Francia, donde participó fugazmente en los primeros compases bélicos, antes de recibir un nuevo destino: reforzar las posesiones británicas en el Pacífico, frente a la amenaza de Japón. Sin embargo, los anglosajones sufrieron una derrota en toda regla en Singapur. Para entonces, Toosey era teniente coronel y dirigía el Regimiento 135 de la 18.ª División. Antes de la rendición, sus superiores le ordenaron que participara en la evacuación urgente de oficiales de experiencia para evitar que cayeran prisioneros y poder reutilizarlos al frente de nuevas tropas, pero él se negó a abandonar a sus hombres, que ya estaban completamente desmoralizados, y en febrero de 1942 fue conducido junto a ellos al campo de concentración japonés de Tamarkan.

Philip Toosey.

En aquella época, Tokio llevaba la iniciativa en toda Asia y sus intervenciones en los distintos frentes se contaban por victorias. Los optimistas generales nipones estaban convencidos de que la guerra les permitiría la construcción y consolidación del mayor imperio que jamás pudo soñar el Trono de Crisantemo, y buena parte del mismo se lograría a costa de otro imperio, ahora en declive: el británico.

Para asegurar sus posiciones y acelerar la conquista de la principal joya inglesa en la región, es decir, de la India, los japoneses se plantearon construir un ferrocarril entre Siam, hoy Tailandia, y Birmania.

Esta importante infraestructura debía atravesar unos 500 kilómetros de longitud a través de las selvas fronterizas entre ambos países y, una vez terminada, garantizaría el suministro de soldados y pertrechos al frente, además de permitir la explotación de los yacimientos locales de tungsteno, mineral muy útil para el esfuerzo bélico. El mando nipón contaba con los ingenieros encargados de diseñar el trazado ferroviario, pero las herramientas disponibles eran rudimentarias (palas y azadones, en su mayor parte) y carecía de mano de obra suficiente para desarrollar el trabajo (desde luego, no consideraba la posibilidad de destinar sus propios efectivos militares al proyecto). En consecuencia, decidió utilizar para el mismo a sus prisioneros de guerra.

El campo de Tamarkan, adonde fueron a parar Toosey y sus hombres, había sido instalado junto al río Kwea Yai. El objetivo para esta zona era la construcción de dos puentes: uno de madera y otro de hierro. Los detenidos se encargarían de levantarlos en una tarea hercúlea, teniendo en cuenta las condiciones de partida. De hecho, los ingenieros nipones habían estimado que serían necesarios al menos tres o cuatro años de labor para poder dar por finalizada la obra.

En su calidad de oficial de mayor rango, Toosey estaba al mando de todos los prisioneros de Tamarkan y, cuando se le comunicó lo que se esperaba de ellos, inicialmente se negó a participar en la construcción de los puentes por considerarlo colaboración con el enemigo. Sin embargo, las perspectivas de futuro para sus hombres resultaban poco halagüeñas: los japoneses podían decidir fusilarlos a todos alegando un intento de fuga masiva y tal vez la noticia ni siquiera se sabría, ya que estaban aislados doblemente: en medio de las líneas enemigas y en medio de una selva poco menos que impenetrable.

Al final, optó por colaborar y convenció a los suyos para hacerlo, con la idea de retrasar el proyecto en la medida de lo posible, y a la espera de un cambio en el signo de la guerra. Mientras fueran útiles podrían, al menos, sobrevivir.

De esta manera comenzaron los trabajos, que los reos sabotearon en la medida de lo posible. Por ejemplo, introduciendo termitas dentro de las vigas de madera o mezclando barro con el cemento a fin de debilitar la estructura de la obra.

Los japoneses eran muy conscientes de las duras condiciones de trabajo a las que sometían a sus prisioneros, especialmente a los asiáticos, a los que la mayoría de militares nipones despreciaban y humillaban a menudo por considerarlos seres inferiores.

Los prisioneros debían soportar duras jornadas de trabajo de doce o más horas diarias con una alimentación muy escasa (a menudo una simple escudilla de arroz con algún tropezón y, una vez al mes, un plátano), alternando un sol de justicia con las agobiantes lluvias monzónicas, expuestos a enfermedades devastadoras como la malaria, el dengue o el cólera y con el riesgo constante de ser sometidos a tortura por parte de algunos guardianes cuyo sadismo ha quedado históricamente documentado.

Era corriente abandonar en la selva a los presos incapaces de continuar trabajando por culpa de la desnutrición o la enfermedad, para que murieran allí, sin tomarse siquiera la molestia de enterrarlos.

Construcción del puente sobre el Kwea Yai.

Según cálculos de los historiadores, en torno a unos 120.000 prisioneros de guerra fallecieron en el proyecto del ferrocarril Bangkok-Rangún. De ellos, sólo un 27 por ciento eran anglosajones. Indios, birmanos, chinos, malayos e indonesios se llevaron la peor parte.

Las infernales condiciones de trabajo en Tamarkan fueron no obstante suavizadas gracias al esfuerzo de Toosey, que se enfrentó a los responsables japoneses del campo para lograr algunas concesiones básicas de las cuales carecían inicialmente los prisioneros, como por ejemplo horarios regulados de trabajo o un día periódico de descanso. Las discusiones con el mando enemigo le supusieron diversos castigos y maltratos físicos personales, aunque el esfuerzo mereció la pena si tenemos en cuenta que, a pesar de los múltiples sufrimientos generados por el proyecto, sólo nueve de sus hombres perdieron la vida en él.

La capacidad de liderazgo y el propio autosacrificio de Toosey, siempre dispuesto a compartir las penurias de aquellos bajo su mando para ayudarles a sobrevivir, le ganaron un creciente respeto por parte de los suyos, pero también del enemigo. Por eso este le encargó también la organización del hospital de presos del campo. Aquí llegó incluso a poner en riesgo su vida, al negociar en el mercado negro para conseguir medicinas y otros artículos de necesidad para los enfermos.

El puente de madera sobre el río Kwea Yai quedó oficialmente terminado en febrero de 1943 y, el de hierro, dos meses después; mucho antes de lo previsto por los propios japoneses. Pero en ese momento las cosas ya no marchaban tan bien para el Eje. Durante los dos años siguientes, tanto los puentes como el resto de la vía férrea fueron un objetivo preferente para los bombardeos de la aviación aliada. Resultaron dañados en varias ocasiones y los prisioneros tuvieron que reconstruirlos otras tantas.

El 17 de agosto de 1945 aviones norteamericanos arrojaron una lluvia de octavillas sobre la selva anunciando la rendición incondicional de Japón y el final de la guerra.

Algunos guardianes japoneses huyeron, otros se hicieron el *harakiri* en el mismo campo de concentración.

Cuando las tropas aliadas ocuparon Tamarkan formalmente, la primera preocupación de Toosey fue buscar a los hombres de su antiguo regimiento para comprobar cuántos habían logrado sobrevivir a las penurias del cautiverio y asegurarse de que todos podían ser repatriados sin problemas. Después se tomó unas vacaciones y finalmente regresó a Inglaterra, donde retomó discretamente su antiguo trabajo en el banco y jamás recibió (ni lo solicitó) reconocimiento alguno por su extraordinaria labor para mantener unidos y con la moral elevada a sus hombres.

En los años cincuenta del siglo XX, Hollywood descubrió que las películas sobre la SGM tenían un público fiel y masivo. Más allá de la simple propaganda, se habían convertido en una vía popular de entretenimiento, pues muchos excombatientes disfrutaban y hacían disfrutar a sus amigos y familiares viendo cómo las estrellas del cine encarnaban los papeles, siempre edulcorados, de la dura realidad que ellos se habían visto obligados a padecer. Algunos de los largometrajes más famosos fueron adaptados de novelas escritas en la época. Así sucedió en 1957 cuando el cineasta David Lean rodó la versión cinematográfica de la novela que el francés Pierre Boulle había publicado cuatro años antes con el título de *El puente sobre el río Kwai*. Tanto la novela como la película se basaban en la historia de Toosey en Tamarkan, pero alterando la realidad al gusto de un público que quería menos sufrimiento y más espectáculo.

En consecuencia, la mayoría de los padecimientos de los reos no se vieron reflejados con la crudeza necesaria. Además, la impecable conducta de Toosey quedó desfigurada por el algo turbio papel de su *alter ego* de ficción, el coronel Nicholson, interpretado por Alec Guinness, que colaboraba con su principal carcelero: el coronel japonés Saito, papel encarnado por Sessue Hayakawa (Saito existió, pero en realidad fue un sargento mayor del ejército imperial nipón, que, al finalizar la guerra, fue llevado a juicio bajo la acusación de crímenes de guerra: la declaración de Toosey en su favor ayudó a salvarle de la horca). En la película, los reos celebran con satisfacción el final de las obras, como si el puente fuera a ser utilizado por los propios aliados. Y, por si fuera poco, la producción norteamericana impuso un rol estelar para William Holden como un irreal oficial norteamericano que no sólo logra escapar del campo de prisioneros sino que vuelve al mismo al frente de un grupo de comandos justo a tiempo para volarlo todo en el momento en el que llega el primer tren nipón para cruzar el río. Pese a sus clamorosas inexactitudes, la película se convirtió en uno de los clásicos del género casi de inmediato.

Philip Toosey falleció en diciembre del año 1975, probablemente molesto por la versión de los hechos que la ficción encajó en la mente del público, pero sin levantar la voz por ello.

Fue su nieta quien popularizó su historia real al publicar un libro sobre el tema años más tarde. Hoy, el puente sobre el río «Kwai» sigue existiendo, pero se ha convertido en una atracción con complejos hoteleros, campos de golf y pistas de tenis para turistas de la memoria bélica.

8

Normandía. La nueva Troya

El escenario

La batalla de Normandía, bautizada en clave con el nombre de Operación Overlord, fue la invasión del continente europeo por parte de los Aliados a partir de la costa noroeste de Francia, entonces bajo control alemán. El ejército imperial británico y el norteamericano protagonizaron la mayor parte del asalto con el apoyo de tropas auxiliares francesas, polacas y de otras nacionalidades. El desembarco como tal llevaba el nombre clave de Operación Neptuno y comenzó el 6 de junio tras el lanzamiento de paracaidistas y un brutal cañoneo naval previo, con impresionante despliegue de medios anfibios que transportaron las primeras unidades a cinco sectores de las playas normandas, denominadas en clave de este a oeste con los nombres de Sword, Juno, Gold, Omaha y Utah. Los alemanes temían este desembarco desde tiempo atrás y por ello habían reforzado todas sus defensas en la costa francesa para asegurar el Muro Atlántico de la Fortaleza Europea, aunque una compleja red de simulaciones y espionaje logró convencerles de que se produciría más al norte, en la zona del paso de Calais. Por puro sarcasmo del destino, la víspera del conocido como Día D los mandos alemanes en la región no estaban ubicados en sus puestos porque habían acudido a Reims a un *Kriegsspiel* o juego de guerra sobre un mapa para estudiar posibles reacciones ante un «desembarco anfibio en la costa de Normandía precedido por el lanzamiento de paracaidistas». Consolidadas las primeras posiciones, casi tres millones de soldados cruzarían el canal de la Mancha durante las siguientes semanas en la que está considerada como la mayor operación de invasión por mar de la historia, y que ha llegado a ser comparada con el homérico desembarco de los aqueos y sus aliados para el ataque a Troya.

Meyrick Edward Clifton James: no soy quien usted piensa que soy

El comandante de la Guardia Civil Ignacio Molina Pérez de Vargas esperó impaciente la comunicación. Por fin, la telefonista le dio la línea que había pedido y una voz seca contestó al otro lado. Tras identificarse con su nombre secreto, añadió:

—Escuche atentamente: es Monty, y está aquí en Gibraltar… —el militar español, informante directo del espionaje alemán en la península Ibérica, insistió, ante la incredulidad de su comunicante—: Le estoy diciendo que el general Bernard Law Montgomery acaba de llegar al peñón de Gibraltar. Yo mismo le he estrechado la mano… Es un hombre muy agradable, muy simpático…, muy británico en las formas. Y, escúcheme bien, lo más importante de todo es que también sé a dónde se dirige. Viaja con destino a Argel. Estoy completamente seguro, sí...

El comandante Molina, a la sazón primo carnal del notario y político andalucista Blas Infante (cuyo fusilamiento al comienzo de la Guerra Civil trató de impedir, sin conseguirlo) todavía no lo sabía, pero su llamada telefónica estaba destinada a facilitar el éxito de la Operación Overlord.

Todo empezó precisamente con otra llamada de teléfono. La recibida pocos meses antes, en la primavera de 1944, por el teniente Meyrick Edward Clifton James, que ocupaba un puesto del cuerpo de pagadores del Ejército británico en Leicester. Australiano de origen, James había trabajado como actor durante muchos años y al comenzar la SGM se había presentado voluntario para ingresar en la sección de espectáculos y diversiones, pero en Londres entendían que ya había suficientes militares actores de origen *verdaderamente* inglés como para encajar a un «chico de las colonias» y le habían transferido a los pagadores, lo que le dejó frustrado y resentido. Por ello recibió con estupor y alegría esa llamada, ya que quien se estaba poniendo en contacto con él era un colega muy popular ya en aquellos años, David Niven, y nada menos que para proponerle colaborar en las películas del Ejército, en la capital británica.

James aceptó entusiasmado, pero al llegar a Londres se encontró con una sorpresa aun mayor. Fue presentado por el propio Niven al coronel Lester, perteneciente a los servicios secretos del ejército británico, quien le propuso el *papel* de su vida: convertirse en el doble de Montgomery.

Así se puso en marcha la Operación Copperhead, destinada a confundir al alto mando alemán acerca de la fecha y, sobre todo, el lugar escogido, para el Desembarco, con mayúscula. La concentración de militares, buques y material en las inmediaciones de los puertos británicos era de tal calibre que resultaba completamente imposible ocultar las intenciones de los Aliados, aunque contaban con una gran ventaja: la guerra en dos frentes que mantenía Alemania le impedía desplazar las fuerzas necesarias para defender todos los posibles puntos de desembarco. No obstante, los germanos contaban con tropas suficientes, incluyendo varias divisiones blindadas SS, para desbaratar cualquier intento de asalto sobre el continente, siempre y cuando estuviesen instaladas en el punto exacto. La misión del teniente Clifton James consistiría en sumarse a los esfuerzos para despistar al alto mando alemán haciéndole creer que el ataque se llevaría a cabo en cualquier punto menos en Normandía. En concreto, la idea era convencer al enemigo de que los angloamericanos tratarían de abrir un frente en el sur de Francia, asaltando sus costas mediterráneas igual que se había hecho en Italia, antes de atacar las atlánticas.

Durante varios días, James se preparó para su papel estudiando innumerables imágenes, fotográficas y cinematográficas, del verdadero Montgomery. Aprendió a imitar sus gestos, su forma de caminar, de saludar, de pellizcarse las mejillas mientras se concentraba en algo en particular… Después se le dotó de una falsa identidad como sargento del servicio secreto y se le introdujo en la oficialidad del Estado Mayor del propio general, al que tuvo oportunidad de conocer, para perfeccionar su papel estudiando directamente al *original*. Eso sí, tuvo que abandonar provisionalmente el tabaco y el alcohol, vicios que no compartía con el general británico, e incluso se le proporcionó un dedo de plástico para suplir el que había perdido, aunque ello le obligaba a llevar guantes para disimularlo.

El propio Montgomery le dio el visto bueno, una vez preparado y puesto al corriente, y a finales de mayo se alzó por fin el telón para el teniente James.

El verdadero Monty y su doble.

El doble fue conducido en automóvil oficial al aeropuerto de Northolt para ser despedido por un grupo de altos jefes militares, algunos de los cuales conocían al verdadero general, mas ninguno se percató de que saludaban a un actor. El 26 de mayo de 1944, el avión que le transportaba llegó a Gibraltar, donde fue recibido con todos los honores y paseado en un automóvil descubierto hasta la residencia del gobernador de la todavía hoy colonia británica en suelo español. El gobernador, sir Ralph Eastwood, sí estaba al tanto de la Operación Copperhead, pero James estaba tan bien caracterizado que más tarde confesó haber pensado que Monty se lo había pensado mejor y había decidido acudir personalmente.

Semejante despliegue público no podía pasar inadvertido, como era la intención original, para los alemanes. O, mejor dicho en este caso, para uno de sus mejores colaboradores en la zona: el comandante Molina, que no sólo pertenecía desde 1937 al Servicio de Información Militar del Ejército español sino que estaba en contacto con los germanos según les constaba a los servicios secretos británicos del MI6, quienes empleaban el nombre en clave de Cosmos para referirse a él. Por ello este oficial había sido invitado «casualmente» ese día a la sede del gobierno colonial por un alto mando de su administración y, desde una ventana, pudo observar la llegada del falso Montgomery y cómo la guardia le rendía honores. Los comentarios del personal de la oficina terminaron de convencerle de que sus ojos no le engañaban y, para rematar el suceso, fue conducido a la salida del edificio justo cuando el sosias de Monty salía también y se introducía en su coche oficial.

Cosmos abandonó Gibraltar lo antes que pudo y tras cruzar a la Línea de la Concepción buscó el primer teléfono disponible. Un expediente desclasificado recientemente por los Archivos Nacionales Británicos y que se guardó durante decenios con el sello de *top secret* confirma que los ingleses interceptaron el mensaje codificado enviado desde Madrid a Berlín con el siguiente texto facilitado por Molina: «General Montgomery llegó a Gibraltar 26/5. Se reunió con gobernador y general francés desconocido». Según el informe del expediente, «el material llegó a Berlín en 20 minutos», lo cual demuestra una eficacia notable en la transmisión de informaciones, aunque estas resultaran falsas y, además, interceptadas.

Para completar la actuación, el falso Montgomery partió en verdad con rumbo a Argel, donde los espías británicos llevaban tiempo haciendo circular todo tipo de rumores sobre la presunta invasión del sur de Francia que preparaban los Aliados. En el norte de África, varios agentes franceses al servicio del régimen de Vichy confirmaron las noticias transmitidas por Molina desde Gibraltar.

El alto mando alemán tomó entonces dos decisiones. La primera: retirar parte de las tropas estacionadas en la zona del canal de la Mancha para trasladarlas al sur de Francia, lo que se llevó a efecto en las fechas siguientes. Con esto, la misión de James pudo considerarse ya un éxito. La segunda: dar un golpe de efecto y descabezar la operación derribando el avión en el que viajara el doble de Montgomery durante su viaje de regreso de Argel, pero no antes de averiguar el punto exacto de la invasión. Como este dato jamás pudo confirmarse, ya que el proyecto de desembarco como tal por esta zona jamás llegó a existir, el derribo tampoco se produjo. Y, aunque así hubiera sido, no habría terminado con la vida del actor australiano, pues la última etapa del viaje de James se produjo en secreto y en dirección opuesta: hacia El Cairo, donde debía esconderse hasta que se desencadenara el Día-D.

Respecto a Cosmos, la documentación desclasificada advertía de que no debía subestimarse al comandante Molina pese a haberse «tragado» la historia del actor australiano, como por otra parte hicieran tantas

James publicó, diez años más tarde, en 1954, un libro relatando su experiencia: *I was Monty's Double* (*Yo fui el doble de Monty*, aunque la versión en español, publicada en la misma fecha se tituló *El doble del mariscal Montgomery*).

Las memorias de James.

Cuatro años después, se rodó la película basada en el texto, dirigida por John Guillermin. El propio actor se interpretó a sí mismo y de nuevo a Montgomery en esta cinta, en la que el papel del militar español fue sustituido por el de un inventado hombre de negocios alemán.

otras personas que no estaban en el secreto, puesto que a su juicio el militar español era el principal agente del espionaje del III Reich en España y en Marruecos. Como tal estaba vigilado a todas horas por los británicos, que conocían todo lo relativo a su familia, sus amigos y sus costumbres. La sección de España y Portugal del MI6 (que por cierto en aquellos años estaba dirigida por el famoso espía Kim Philby, quien pasó tristemente a la fama años más tarde como el más significativo agente doble infiltrado del KGB soviético en el Reino Unido) llegó a confeccionar un extenso y muy detallado expediente personal sobre él.

Según los documentos británicos, entre muchas otras actividades lesivas para ellos, Cosmos controlaba e informaba acerca del tránsito de todos los buques de guerra aliados que navegaban por el estrecho de Gibraltar y además había ayudado al sabotaje de varios navíos refugiados en el Peñón, que sufrieron graves daños con los explosivos adheridos por buceadores italianos. Tan irritante llegó a ser su presencia en el Campo de Gibraltar que el espionaje inglés se planteó secuestrarle y conducirle a Inglaterra, pero este proyecto no llegó a realizarse.

Finalizada la guerra, el comandante Molina permaneció bajo vigilancia del MI6 durante muchos años, pero no tuvo grandes problemas. Persona muy conocida en la zona, tenía muy buenos contactos en el régimen franquista y un gran apoyo popular: según sus familiares, rechazó hasta tres propuestas para pasar a la política y ser alcalde de Algeciras. Prefirió jubilarse en la Guardia Civil con el grado de teniente coronel. Falleció en mayo de 1990.

Heinrich Severloh, la Bestia de Omaha

Las confusas informaciones en torno al inminente desembarco aliado sobre Francia llevaron al alto mando alemán a pensar que lo de Normandía era una simple operación de diversión para desarticular la defensa sobre el «verdadero» ataque, que se produciría en Calais. Por ello no movilizó al grueso de sus fuerzas blindadas hacia donde más necesarias eran hasta que ya fue demasiado tarde para contener el avance de los Aliados tierra adentro. Los militares norteamericanos reconocerían años más tarde que si los alemanes hubieran reaccionado antes, toda la Operación Overlord podría haberse visto comprometida. Incluso el comandante en jefe de las fuerzas angloamericanas, el general Dwight David Eisenhower, había redactado por si acaso un documento que haría público reconociendo el fracaso de la operación, que, para su alivio, no tuvo necesidad de sacar del cajón de su despacho.

Así que la principal defensa de la costa de Normandía en el momento del ataque la constituían, además de la artillería de costa, las miles de minas instaladas en la región y, en especial, los puestos fortificados integrados por búnkers y casamatas, donde la ametralladora se reveló como la principal arma de defensa. El soldado alemán Heinrich Severloh demostró su mortal eficacia de forma incontestable en la sangrienta mañana del 6 de junio de 1945 frente a las tropas de desembarco norteamericanas.

Severloh formaba parte de la guarnición de cinco compañías de la 352 División de Infantería de la Wehrmacht que defendían la playa de Omaha: el nombre que los aliados habían adjudicado a la franja costera que se extiende desde el este de Sainte Honorine des Pertes hasta el oeste de Vierville sur Mer, a lo largo de ocho kilómetros. Estas compañías se distribuían en un total de quince ubicaciones fortificadas acertadamente bautizadas con el nombre de *Widerstandsnester* (*nidos de resistencia*) desde la NW60 en el este hasta la WN74 en el oeste. Al comienzo del desembarco, Heinrich Severloh se encontraba en la WN62, desde donde recibió la orden de abrir fuego contra el enemigo con su ametralladora MG42. En ese momento, todavía no sabía que se convertiría en leyenda gracias a su capacidad para disparar ininterrumpidamente durante casi nueve horas, entre las 06:00 y las 15:00 horas.

Hein, como le llamaban sus colegas y amigos, había nacido en Metzingen, actualmente rebautizada como Eldingen, y se incorporó al servicio militar a la edad de 19 años, cuando la guerra todavía era favorable a las armas alemanas, en julio de 1942. Su primer destino había sido precisamente en Francia, como mensajero motorizado en uno de los regimientos de artillería allí desplegados. Sin embargo, antes de acabar el año fue trasladado al frente del este, donde debido a las peculiaridades meteorológicas se vio obligado a cambiar el vehículo de motor por un trineo tirado por caballos. En la primavera de 1943 se atrevió a criticar la marcha de la guerra y fue condenado a trabajos forzados: tan duro fue el castigo, que le dejó secuelas físicas que obligaron a ingresarle en un hospital militar durante tres meses.

En octubre de 1943, su unidad había sufrido tantas bajas frente a los soviéticos que fue relevada. Los supervivientes fueron enviados a Francia y reencuadrados en diciembre dentro de la 352 División de Infantería, estacionada en Normandía. Era un lugar relativamente tranquilo…, hasta que llegó el Día D.

El WN62 era un complejo fortificado rodeado por alambre de púas y protegido por una fosa antitanque ubicado en Coleville sur Mer. Estaba defendido por unos treinta hombres, que disponían de dos cañones de 75 milímetros, un cañón antitanque, dos morteros de 50 milímetros y dos

La Maschinegewehr (rifle automático) 42 o MG42 fue una de las ametralladoras más empleadas por el Ejército alemán desde su entrada en servicio en 1942. Con su munición de calibre 7,92 milímetros y su cadencia de tiro de hasta 1.700 disparos por minuto en algunas versiones (la más alta entre las ametralladoras medias de cañón único), se hizo muy popular entre la tropa, máxime por su facilidad de uso, su fiabilidad y su durabilidad.

Un soldado de la Werhmacht con una MG-42.

El equipo ideal para el manejo de una de estas armas lo componían tres soldados: el tirador, el cargador (que portaba la munición y los cañones de repuesto para cuando se recalentaba el que estaba en uso) y el observador. Su eficacia fue tan letal que los soldados angloamericanos desarrollaron una táctica específica para asaltar un punto fuerte equipado con ella justo en el momento del cambio de cañón.

Tras la SGM, se desarrollaron nuevos modelos basados en el mismo diseño de esta arma. Entre ellos, la MG3 y la MG42/59, que fueron incluidas en el arsenal de numerosos ejércitos durante todo el siglo XX y aún siguen en servicio en lo que llevamos del XXI.

ametralladoras MG42. Su posición, a 25 metros sobre la playa y a una distancia de entre 150 y 600 metros de la orilla según las mareas, estaba muy bien escogida, pues el contingente allí instalado disponía de una visión impecable y en caso de necesidad podía abrir fuego y barrer la zona a placer.

Los alemanes fueron despertados a las 05:00 horas, cuando los aviones de los Aliados iniciaron el bombardeo preliminar de la costa, pero sin gran acierto: las bombas cayeron en el interior y no causaron casi daños a las defensas germanas. Una hora más tarde aparecieron las primeras lanchas de desembarco, con soldados de la 1 y la 29 Divisiones de Infantería del Ejército de EE.UU., dispuestos a tomar ese sector que, en clave, recibía el nombre de Easy Red. Desde luego, la operación iba a resultar *red* (roja) por la sangre derramada, pero en absoluto *easy* (fácil).

El oficial al mando en el WN62 era el teniente Bernhard Frerking. Según Severloh, si aguantó aquel día fue por lealtad a él: años más tarde, le describió un oficial honorable y un buen hombre, que había llegado a castigar a uno de sus soldados por no haber sido lo bastante educado para ayudar a una anciana francesa con sus bolsas de la compra. No quería dejarle solo en semejante trance, que les sobrepasaba a todos. Fue Frerking quien situó a cada hombre en su puesto y quien ordenó a Severloh que abriera fuego con su ametralladora contra las tropas anfibias en cuanto estuvieran a su alcance. La jornada fue espantosa no sólo para los norteamericanos sometidos a constante tiroteo, sino también para los alemanes, que contemplaban impotentes cómo, por mucho que se esforzaran, seguían llegando a la playa oleada tras oleada de tropas enemigas que avanzaban hacia ellos lentamente y que no tardarían en superarles por el simple peso del número. Además, tenían sus propias y numerosas bajas. En el caso de Hein, escapó en un par de ocasiones a ataques con granadas refugiándose a tiempo en la zona del búnker fortificado, aunque la onda expansiva llegó a afectarle en una de ellas. Durante la última parte del día combatió con leves heridas en el rostro.

El joven Hein.

Una de las ametralladoras quedó dañada en uno de estos ataques y Heinrich Severloh tuvo que alternar el uso de la MG42 que quedaba con un fusil Mauser Kar 98k, cambiando de uno a otro mientras esperaba que el arma alternativa, recalentada por el uso constante, se enfriara. Se calcula que durante aquellas largas horas llegó a disparar un mínimo de 12.000 balas de ametralladora (seguramente más, puesto que gastó toda su munición y aún pudo utilizar parte de la otra que resultó dañada) y 400 de fusil. Según sus propias declaraciones, en ningún momento sintió pánico, odio, ni fanatismo. Simplemente disparaba porque era lo que tenía que hacer: «Yo no quería estar en Francia disparando a otros muchachos como yo pero de otro país, mas no había alternativa: o les mataba yo a ellos o ellos me mataban a mí».

A las dos de la tarde, en el WN62 sólo quedaban tres defensores: Frerking, Severloh y otro soldado que le ayudaba con la carga de las balas y el recambio del cañón de la ametralladora. El resto habían sido heridos y evacuados, muertos o directamente habían desertado de su puesto para intentar escapar de la trampa que empezaba a cerrarse sobre ellos. Hacia las 15:00, el teniente Frerking advirtió de que algunas unidades norteamericanas les disparaban desde los flancos y además en la orilla caracoleaban ya los primeros blindados. Su posición fue muy probablemente el último punto de las defensas alemanas en Omaha que cayó en manos enemigas. Para esa hora, desde luego, estaba definitivamente perdida y había que replegarse.

Los tres hombres abandonaron el nido de resistencia y corrieron campo a través en busca de alguna unidad amiga, pero Frerking fue alcanzado en la cabeza por un tirador norteamericano. Poco después, los aliados mataron también al otro soldado. En la madrugada del día 7 de junio, Hein fue detenido y hecho prisionero por la vanguardia estadounidense cuando vagaba aún por la región sin llegar a tomar contacto con sus fuerzas.

Junto con otros prisioneros de guerra, fue trasladado a Boston, en Estados Unidos, donde, al igual que el resto de reos alemanes, fue utilizado para el trabajo en el campo. Temiendo represalias si revelaba su papel en el desembarco, optó por callar su intervención, contestando vaguedades si alguien quería entrar en detalles, pero ya entonces le llegaron los primeros comentarios acerca del misterioso ametrallador alemán al que los soldados norteamericanos habían empezado a llamar con el apelativo de «la Bestia de Omaha». Sus enemigos hablaban de él con una curiosa mezcla de respeto, admiración y odio, pues les había costado incontables bajas pero aun así encarnaba el espíritu del mejor guerrero y no pocos aseguraban que les hubiera gustado emular su hazaña bélica. Algunos relatos le imaginaban como una especie de ogro medio invencible y sediento de sangre. De hecho, a día de hoy aún no está claro cuántos de los soldados estadounidenses que fallecieron en el desembarco de Omaha murieron por el fuego continuo de Severloh. La mayoría de los historiadores creen que durante aquellas nueve largas horas causó ¡entre 1.000 y 2.000 bajas!, aunque algunas investigaciones recientes las reducen a unas 300 que, aun así, es un número asombrosamente elevado para un solo tirador en tan pocas horas.

Finalizada la guerra, Hein no fue liberado y deportado sino que pasó a formar parte de la legión de exsoldados alemanes reconvertidos en trabajadores esclavos que Estados Unidos, el Reino Unido, Francia y la Unión Soviética explotaron durante años en contra de las convenciones internacionales: una sórdida situación sobre la cual se extendió un velo de silencio que dura hasta hoy. En el caso británico, la Cruz Roja Internacional certificó, por ejemplo que, todavía un año y medio después de finalizada la guerra, los británicos tenían a cerca de medio millón de excombatientes alemanes trabajando forzosamente para el entonces Gobierno laborista, que ganaba anualmente unos 250 millones de libras esterlinas de la época «alquilándolos» a los agricultores e industriales ingleses.

Severloh tuvo que esperar hasta 1947 para ser puesto en libertad y poder regresar a Alemania. Encontró una tierra devastada material y espiritualmente y luchó con todas sus fuerzas para levantarla, pero continuó guardando silencio sobre su actuación en Omaha. Como tantos otros alemanes que habían sobrevivido al conflicto, sufrió durante mucho tiempo un estado de ánimo caracterizado por el pesimismo, marcado por la derrota y corroído por la culpa. Su esposa fue durante muchos años la única persona a la que le contó la terrible experiencia vivida durante el día del Desembarco, y eso cuando ya llevaban tiempo casados.

Como tantos otros veteranos de guerra, Severloh desarrolló un interés superlativo en el consumo de textos y películas que recrearan el conflicto que había vivido en primera persona. Un día cayó en sus manos

Las memorias de Severloh.

uno de los textos clásicos sobre la SGM: *El día más largo*, escrito por el periodista especializado Cornelius Ryan, que también tuvo su versión cinematográfica dirigida por Ken Annakin, y en el que relataba la historia del Día D. Conoció allí el relato de David Silva, un soldado norteamericano que resultó herido por tres balazos, muy posiblemente disparados por Hein, en el sector Easy Red, y decidió escribirle una carta para contactar con él. El destino quiso que Silva, que a esas alturas había buscado refugio en la religión y era capellán militar, estuviera destinado precisamente en uno de los cuarteles de las fuerzas de ocupación norteamericanas en Alemania: en concreto en Karlsruhe. Le contestó y decidieron verse cara a cara. El encuentro físico entre los dos antiguos enemigos debió de ser uno de los más emotivos de sus respectivas vidas. A partir de entonces, ambos siguieron en contacto hasta al menos 2004. Dos años más tarde, Hein falleció en un asilo de ancianos de Lachendorf.

La historia sobre la identidad real de la Bestia de Omaha se conoció a raíz de la publicación de *WN 62-Erinnerungen an Omaha Bech, Normandie 6, Juni 1944*, que recogía las memorias de Severloh, obtenidas gracias a la insistencia de un reportero de investigación que logró que al fin este reconociera en público ser el autor de la tan brillante como inútil defensa del nido de resistencia 62.

William *Bill* Millin y la gaita imposible

Demasiadas películas de Hollywood han hecho creer a generaciones de espectadores que los soldados aliados que participaron en el desembarco fueron casi exclusivamente norteamericanos, pero nada más lejos de la realidad. El Día D, los estadounidenses desembarcaron en Omaha y Utah, mientras los británicos lo hacían en Sword y Gold y los canadienses en Juno. Y no hay que olvidar que todavía a día de hoy Canadá no es un país completamente independiente en el sentido estricto de la palabra, sino una monarquía parlamentaria perteneciente a la Commonwealth británica cuyo jefe de Estado por encima del parlamento canadiense sigue siendo la reina de Inglaterra Isabel II (su padre Jorge VI reinaba en la época de la guerra). Más británicos que norteamericanos se sacrificaron, pues, en esta batalla, aunque sí es cierto que la playa más difícil de conquistar fue la de Omaha, donde 6.000 norteamericanos murieron y 15.000 fueron heridos.

Uno de los británicos más singulares que desembarcaron en Normandía fue William Millin, más conocido por sus camaradas de armas como *Piper* Bill o Bill el Gaitero, ya que eso era. Nació en Saskatchewan, Canadá, hijo de padres escoceses que retornaron a Glasgow cuando él tenía tres años de edad. Allí se aficionó al instrumento musical nacional y empezó a tocar la gaita en la banda de la Infantería Ligera de Montaña y en unidades posteriores. No había tenido ocasión de hacerla sonar en batalla por expresa prohibición del mando británico: aunque por tradición los guerreros escoceses, y también los irlandeses, habían entrado en guerra desde tiempos inmemoriales azuzados por el gutural y vibrante sonido de las gaitas, el número de gaiteros muertos durante la PGM fue tan elevado que existía una orden específica de silencio, reservando el instrumento para las ceremonias oficiales.

Sin embargo, pocas semanas antes del desembarco Bill fue abordado por el comandante de la 1.ª Brigada especial Simon Fraser, que no sólo era un reconocido comando sino un noble escocés: 15.º lord Lovat y 4.º barón Lovat. Le nombró su gaitero personal tras convencerle de que se uniera a sus filas, pues, como el propio Bill reconoció años después en una entrevista: «A todos nos gustaba lord Lovat, porque era el típico aristócrata que caminaba tranquilamente y con la cabeza bien alta, mientras todos nosotros buceábamos o nos arrastrábamos para evitar los disparos alemanes».

Poco tiempo después, ambos se encontraban en una de las lanchas de desembarco junto al resto de la unidad con destino a la playa de Sword en medio del fragor de la batalla. Fraser había ordenado a Bill que llevara su gaita consigo para hacerla tocar durante el desembarco. Ante las iniciales reticencias del gaitero, que citaba la prohibición vigente en el reglamento, lord Lovat le contestó: «Bueno, pero eso son cosas de la Oficina Inglesa de la Guerra…, y usted y yo somos ambos escoceses. Por lo tanto, esa orden no se nos aplica».

Piper Bill, de espaldas y con la gaita en su mano, se prepara para desembarcar. Entre los soldados ya en el agua, lord Lovat camina a la derecha de la columna.

Cuando la barcaza abrió sus puertas y los británicos de Fraser saltaron al agua, Bill acomodó su gaita y empezó a tocar *Highland laddie* y *The road to the Isles*, las dos canciones que no dejó de entonar durante un tiempo indefinido. Tanto británicos como alemanes escucharon el ronco y característico sonido musical y contemplaron estupefactos la surrealista figura del músico paseándose arriba y abajo vestido con el tradicional *kilt* escocés (el mismo que su padre había llevado durante la PGM) y armado exclusivamente con su instrumento, mientras las balas zumbaban a su alrededor. Algunos incluso pensaron que la fatiga de guerra les había vencido porque les parecía imposible que un gaitero estuviera tocando tan tranquilo en medio de la matanza. Milagrosamente, Bill no recibió un solo impacto aunque la metralla de un proyectil destrozó la bolsa de la gaita. Por fortuna para él, llevaba un repuesto, con el que continuó su asombroso concierto.

Más tarde, algunos soldados alemanes capturados reconocieron que habían llegado a apuntar al gaitero, pero que al final no le habían disparado porque pensaban que el hombre había enloquecido por la brutalidad del combate y no merecía la pena gastar un cartucho en él. Craso error: precisamente el sonido de la gaita infundió nuevos ánimos y elevó la moral de muchos atemorizados soldados británicos que hasta el momento permanecían *clavados* en sus posiciones. Contemplar la despreocupada figura del gaitero de tan sólo 21 años de edad despreciando el peligro de esa manera incrementó su ardor bélico y les impulsó al esfuerzo definitivo en la ofensiva para tomar la playa.

Cuando Sword fue asegurada por los Aliados, Bill se tomó un respiro pero lord Lovat no le dejó tranquilo mucho rato, al ordenarle que empezara a tocar otra vez mientras su unidad se internaba en Francia con destino a la localidad de Bénouville, donde habían sido lanzadas las tropas aerotransportadas. El aristócrata había previsto el reconfortante y vigorizante efecto que tendrían las tonadas de gaita para los británicos y quería aprovecharlo hasta el final. Escuchar su sonido sería una manera de dar ánimos también a los soldados de Bénouville, que esperaban ansiosamente los refuerzos mientras resistían en las posiciones que ya habían alcanzado defendiendo el control del puente Pegaso sobre el canal de Caen. Así pues, Bill se pasó el camino interpretando *Bonnets over the border*.

Bill Millin el gaitero avanzó por Holanda y Alemania animando siempre a sus compañeros con su gaita y en 1946 fue desmovilizado. Recibió numerosas condecoraciones y homenajes e incluso fue recordado fugazmente en la película más famosa sobre el desembarco: *El día más largo*, rodada en 1962 con un espectacular reparto de estrellas que incluía a John Wayne, Sean Connery, Robert Mitchum, Curd Jürgens y Richard Burton entre otros. Lord Lovat fue asesor del largometraje y Bill se enfadó con él porque no le llamó para interpretarse a sí mismo en el cine, como habían hecho otros protagonistas en varias películas bélicas. El aristócrata se limitó a comentar que había engordado demasiado. Leslie de Laspee, gaitero mayor oficial de la Reina Madre, fue el encargado de encarnar a Millin.

La estatua en honor de Bill Millin.

Piper Bill falleció en agosto de 2010. El 8 de junio de 2013 se inauguró en Colleville-Montomery, cerca de la playa Sword, una estatua de bronce en su honor.

Kay Summersby Morgan y el amor frustrado

La guerra destrozó muchas historias de amor en uno y otro bando por las muertes, heridas y mutilaciones de los contendientes o, aún peor, por las secuelas psicológicas que sufrieron no sólo los militares sino también los civiles. Entre esas relaciones rotas figura la de Kay Summersby Morgan, aunque en su caso la razón de que finalizara de manera abrupta no fue, paradójicamente, ninguna de las susodichas. Su problema fue enamorarse de su jefe: el general Dwight *Ike* Eisenhower, comandante supremo de las Fuerzas Aliadas en Europa.

Nacida en Cork, Irlanda, Kay era una mujer atractiva e inteligente que, antes de la guerra, había trabajado como fotógrafa y modelo de revistas de moda femenina. Su matrimonio duró poco y pronto se divorció. Entonces estalló la guerra y se enroló en el Cuerpo Motorizado de Transporte del ejército británico, donde alcanzó el grado de sargento conduciendo entre otros vehículos las ambulancias que llevaban a los heridos durante los bombardeos de Londres.

A principios de 1942 Eisenhower fue enviado como representante del Ejército norteamericano a Londres para iniciar los primeros contactos a fin de coordinar la apertura de un segundo frente en Europa que permitiera distraer tropas a los alemanes y relajar así sus exitosas ofensivas en la URSS: lo que más tarde se conocería como el Desembarco de Normandía. Más tarde sería nombrado comandante supremo de los ejércitos aliados para la guerra en el Viejo Continente. Esta decisión no gustó a todos, por ejemplo, al británico Montgomery, con el que *Ike* se veía obligado a llevarse

La sargento Kay Summersby.

bien pero al que reprochaba, entre otras cosas, su fanática misoginia, que le había llevado a prohibir la presencia de mujeres en sus unidades militares. A medias para molestar a Montgomery, a medias para poder destinar el mayor número de hombres a los puestos de combate, *Ike* cursó una orden por la cual todos los chóferes militares masculinos asignados a los vehículos de los oficiales de alto rango debían ser sustituidos por sus equivalentes femeninos. En su propio caso, los responsables de Personal le asignaron a la sargento Summersby para conducir su Cadillac.

Kay e *Ike* no tardaron en congeniar y, además del puesto de chófer, la mujer pasó pronto a asumir el de secretaria y asistente personal por su eficiencia en el trabajo. Eisenhower solía llamarla *my Irish* (*mi irlandesa*) y aunque en un principio la relación entre ambos era puramente marcial, no pasó demasiado tiempo hasta que desarrollaron una amistad. La labor del comandante en jefe era agobiante, siempre rodeado de oficiales, políticos y consejeros y viajando constantemente entre Europa, América e incluso África. La grave responsabilidad y la consiguiente presión que recaía sobre sus hombros fue acentuándose a medida que avanzaban los preparativos para el Día D, cuyos documentos secretos pasaron por manos de Kay, ya que fue su jefe quien planificó las operaciones militares del Desembarco y decidió la fecha y el lugar.

El único momento del día en que podían relajarse era cuando ambos se sentaban a conversar sobre trivialidades mientras se tomaban un Chivas Regal, el whisky favorito de *Ike*. Es fácil comprender cómo el atareado pero solitario comandante de 60 años y su abnegada y también solitaria sargento de 36 terminaron como amantes en brazos uno del otro...

Su relación sentimental fue a más aunque ambos consiguieron mantenerla en secreto hasta que finalizó la SGM. Entonces Eisenhower regresó a EE.UU. y consiguió la nacionalidad norteamericana y el grado de capitán para Kay, con la que siguió compartiendo todo tipo de encuentros, incluyendo los amorosos. Su intención era divorciarse de su mujer y emparejarse con *Irish*, pero al final sacrificó su felicidad personal por su carrera política... Y es que Eisenhower llevaba casi 30 años casado con Mamie Geneva Doud, que era muy querida por la opinión pública norteamericana, entre otras cosas por su perfecto papel de sacrificada esposa del militar que mantiene con dignidad su hogar mientras su marido arriesga la vida lejos de casa. Durante el conflicto y antes de que Kay apareciera, el propio *Ike* había escrito a Mamie acerca de su soledad

Eisenhower brinda tras la derrota alemana, con Kay a su derecha.

y la necesidad de una compañía femenina de la que entonces no disponía, aunque le insistía en que en absoluto estaba interesado por ninguna otra mujer.

Los principales dirigentes del Partido Republicano, incluido el entonces presidente norteamericano Harry Salomon Truman, convencieron a Eisenhower de que no se divorciara, pues querían que se presentara a las elecciones como candidato y sucesor del propio Truman y, teniendo en cuenta la ideología de sus votantes, la imagen que le convenía era la de Mamie, no la de Kay. Todas las encuestas que se habían encargado afirmaban que arrollaría a sus oponentes en los comicios, ya que representaba lo que muchos norteamericanos aspiraban a ser en su romántico imaginario: el héroe esforzado y trabajador que tras la lucha regresa al hogar y se reúne con la sólida familia que fielmente ha mantenido la esperanza y la fe en la victoria final.

En estas circunstancias, Eisenhower no lo pensó mucho: cedió a su ambición personal y terminó sin más su relación con Kay antes de regresar con la cabeza gacha al redil, donde Mamie, al corriente de lo ocurrido, le dispensó una fría bienvenida. Sin embargo, de puertas para afuera la imagen se había salvado y, tal como le habían anunciado sus asesores, pudo presentarse y ganar cómodamente en dos ocasiones las elecciones

Mamie era hija de un comerciante que hizo una fortuna en la industria de envasado de cárnicos y creció en un ambiente de lujo y riqueza, viviendo en grandes mansiones con múltiples sirvientas. Conoció a Eisenhower cuando este era teniente, en octubre de 1915: se enamoraron a primera vista y se casaron nueve meses después. Ella cambió sin rechistar su vida de heredera millonaria por la de sufrida esposa de militar con un sueldo limitado y viajando permanentemente de un destino a otro. Le dio dos hijos, aunque el primero no llegó a los cuatro años de edad, al fallecer por culpa de la escarlatina. El segundo tendría una carrera consolidada como militar y diplomático, además de escribir varios libros sobre la SGM.

Mamie fue siempre muy popular entre la población estadounidense. Tras alcanzar su marido la presidencia, interpretó un papel perfecto como primera dama, encarnando los valores femeninos que entonces se demandaban para esta imagen. Mujer elegante y frugal, durante un tiempo circularon rumores acerca de sus presuntos problemas con el alcohol, debido a su descoordinación al caminar, aunque hoy se sabe que padecía la enfermedad de *Ménière*, que afecta al equilibrio.

Cuando, ya viuda, se difundieron los amoríos de *Ike* con su secretaria y chófer, ella hizo pública una serie de unas 300 cartas que había recibido de su marido durante la SGM, con las que trató de demostrar la falsedad de las revelaciones de Kay Summersby.

como presidente de Estados Unidos. *Ike* estuvo casado con Mamie hasta el día de su muerte en 1969. Nunca más volvió a ver a *Irish*, quien le sobrevivió otros seis años. Durante todo ese tiempo, ella fue fiel al recuerdo de su frustrado amor y nunca le molestó ni intervino en su vida pública. Se casó de nuevo, esta vez con un corredor de Bolsa, del cual terminó también divorciándose.

En 1973, enferma de cáncer, escribió junto con la periodista Barbara Wyden un libro de memorias en el que detallaba su relación íntima con Eisenhower, pues deseaba que esta se hiciera pública, mas sólo tras su muerte. Lo entregó a sus editores con esa condición. Ella ya había publicado en 1948 una discreta autobiografía titulada *Ike was my boss* (*Ike fue mi jefe*) en la que no mencionaba nada sobre sus escarceos amorosos. Poco después de su fallecimiento en 1975, apareció el segundo libro titulado *Past Forgetting: my love affair with Dwight Eisenhower* (*Olvidando el pasado: mis amoríos con Dwight Eisenhower*). Apoyado en dos tomos de los diarios de guerra del propio *Ike* que ella conservaba en su poder junto con fotos dedicadas y otras notas, aportaba todo tipo de detalles sin obviar los más escabrosos. Por ejemplo, contaba que cuando trataron de hacer el amor por primera vez en un hotel de Londres los nervios pudieron con el comandante en jefe, que fue incapaz de consumar la relación y lo único que pudo hacer fue jurar amor *eterno* a su secretaria y confidente.

9

Iwo Jima. La bandera de Rosenthal

El escenario

Tras su exitosa ofensiva inicial, el avance del Ejército Imperial japonés fue frenado en China por las fuerzas de Chiang Kai Shek y en el Pacífico por la Marina de EE.UU.: el empuje industrial del coloso norteamericano, capaz de fabricar y transportar cantidades ingentes de armamento y buques de guerra con mucha mayor rapidez que Japón para reponer las unidades perdidas y contar así con una permanente superioridad de recursos, propició sucesivas victorias empezando por la batalla del mar de Coral y, sobre todo, Midway. A partir de la batalla del Mar de las Filipinas, la Marina nipona quedó casi desarticulada. La guerra cambió definitivamente de signo y los generales norteamericanos comenzaron a diseñar sus planes no en función de si ganarían o no, lo que se daba por sentado, sino de cuánto les costaría la victoria, teniendo en cuenta la ferocidad de la defensa japonesa. A primeros de 1945, los Aliados recuperaban la mayor parte de los territorios conquistados por Tokio y, en Iwo Jima, luchaban por vez primera en territorio japonés propiamente dicho. Cuando Alemania se rindió en Europa, todos en Japón comprendieron quién había ganado la SGM y se envió una serie de mensajes a Washington para negociar también su rendición. Pero Truman los tiró a la papelera: como su predecesor Roosevelt, sólo admitía la rendición incondicional. Además, quiso dar un puñetazo lo bastante duro sobre la mesa para mostrar al mundo quién iba a ser la primera superpotencia cuando todo finalizara, y dio permiso para arrojar las dos bombas atómicas que no sólo arrasaron Hiroshima y Nagasaki en un infierno digno de la bíblica destrucción de Sodoma y Gomorra sino que crearon el pánico a la guerra nuclear que desde entonces acompaña al planeta.

Joe Rosenthal y la segunda bandera

El corresponsal de guerra dejó la cámara en el suelo y buscó a su alrededor con la mirada en busca de algunas piedras grandes que poder apilar para subirse a ellas y tirar una foto mejor. Mientras tanto, los marines se afanaban en atar la bandera a un tubo de agua utilizado por los japoneses, para emplearlo como mástil improvisado. Franklin Sousley, Harlon Block, Michael Strank, Rene Gagnon, Ira Hayes y el oficial médico John Bradley fueron más rápidos que el fotógrafo y, sin importarles su deseo de conseguir el mejor encuadre posible, comenzaron a levantar la enseña de las barras y estrellas. De reojo, Joe Rosenthal se percató de su acción y reaccionó como los periodistas de raza: tomó la cámara con rapidez y tiró la foto. No lo sabía, pero acababa de capturar la imagen más famosa de la historia del cuerpo de Marines.

La foto de Rosenthal.

Nacido en Washington en 1911, Joe Rosenthal fue un gran aficionado a la fotografía desde joven. La Gran Depresión le obligó a mudarse a San Francisco donde, a falta de otro empleo, descubrió que podía rentabilizar su *hobby* y convertirlo en una profesión. Después de trabajar como reportero para varios diarios de la zona, en 1944 fue contratado por una de las agencias de prensa todavía hoy más importantes del mundo: la AP o Associated Press. La SGM era portada en los medios impresos a diario pero hacían falta buenas imágenes para ilustrar los artículos, sobre todo de las operaciones militares en el Pacífico. Rosenthal fue enviado a Nueva Guinea y más tarde a Guam, donde fotografió los penosos avances de las tropas norteamericanas ante la fanática defensa japonesa. Su siguiente etapa fue Iwo Jima.

Cuando el fotógrafo norteamericano fue enviado a la región, el declive japonés era evidente: el océano estaba en su mayor parte bajo control de la US Navy y, con él, el aire, gracias a los portaaviones. Pero esa superioridad había que traducirla sobre el terreno y este era muy complicado de ocupar, con numerosas y pequeñas islas en las que se ocultaban pequeños contingentes del Ejército imperial nipón dispuestos a morir en sus puestos causando el mayor número de bajas posible al enemigo. Así que la única solución era tomarlas una por una, como decidió el almirante Chester Nimitz, a fin de «limpiarlas» y convertirlas en bases de apoyo en el avance hacia Japón. Tras la ocupación aliada de las Islas Marianas en agosto de 1944, la de Iwo Jima era el último gran obstáculo antes de alcanzar el principal archipiélago del Sol Naciente. Además, resultaba un punto estratégico muy apetecido por el alto mando norteamericano, pues albergaba dos aeropuertos y un tercero en construcción que podrían servir como base ideal para las *superfortalezas volantes* B-29 que se encargaban ya de reducir a escombros las ciudades japonesas igual que habían hecho previamente con las alemanas.

El desembarco de los marines comenzó el 19 de febrero de 1945, tras un bombardeo naval previo desde cerca de medio millar de buques de guerra que cercaban la isla. En lugar de rechazar al enemigo en las playas, el teniente general Tadamichi Kuribayashi decidió esperar a que los norteamericanos se internaran tierra adentro para atacarles. Su estrategia defensiva se basaba en un complejo sistema compuesto por unos 800 fortines y kilómetros de túneles subterráneos cuyo objetivo era convertir cada metro cuadrado de la isla en una trampa para los marines. Al principio, fun-

El verdadero nombre de Iwo Jima, en japonés, es Iwo To o Ioto, que significa *Isla del Azufre*, por el fuerte olor que desprende su torturada geografía. Se trata de una isla de origen volcánico con una superficie de apenas 21 kilómetros cuadrados con forma de trapecio y plagada de barrancos y cuevas. El monte Suribachi, en realidad un volcán dormido de 166 metros de altura, es su hito topográfico más alto y está ubicado al sur.

Situada en medio del océano aproximadamente a unos 1.200 kilómetros al sur de Tokio, desde el punto de vista político formaba parte de la capital nipona al depender de la subprefectura de Ogasawara. De ahí también la importancia de su captura o su defensa, según cada uno de los bandos en combate, ya que era el primer territorio estrictamente japonés sobre el cual lucharon ambos ejércitos.

cionó y las bajas estadounidenses fueron elevadas, pese al desembarco de decenas de miles de marines. Cada soldado japonés tenía órdenes estrictas dictadas por Kuribayashi de morir antes de entregarse y de hacerlo no sin antes haber matado al menos a diez enemigos. Sin embargo, la desproporción numérica se impuso una vez más y, sólo cuatro días después de desembarcar, los primeros marines alcanzaban la cima del monte Suribachi. De todas formas, la isla sólo pudo darse por completamente conquistada un mes más tarde: el 26 de marzo. La batalla costó más de 6.800 muertos y 19.000 heridos norteamericanos y 22.000 japoneses muertos.

Sobre las 10:30 del 23 de febrero, el teniente Harold G. Schrier lideró la patrulla que coronaría el Suribachi. El comandante de su batallón, Chandler Johnson, le dio una bandera y le ordenó colocarla en lo más alto cuando llegara a la cima. Era una de las enseñas del buque *USS Missoula*, pequeña pero lo bastante visible desde las alturas para que pudiera ser contemplada desde las playas más próximas. Schrier alcanzó la cima con sus hombres sin ningún incidente y la bandera fue alzada. Louis R. Lowery, un fotógrafo de la revista *Leatherneck* que acompañaba a los soldados, tomó la primera imagen, en la que se podía reconocer a varios de los marines que participaron en la acción: Ernest I. Thomas Jr., Henry O. Hank Hansen, Charles W. Lindbergh y James Michels.

La foto de Lowery, anterior a la de Rosenthal.

En cuanto la bandera comenzó a ondear sobre el Suribachi se alzó un clamor por parte de los marines en toda la isla y también desde los barcos de guerra que la rodeaban. Los soldados japoneses identificaron enseguida el porqué de sus exclamaciones de alegría y comenzaron a atacar el monte.

Ese mismo día, unas dos horas más tarde, un segundo grupo de hombres ascendió al Suribachi. Su misión era instalar un cable telefónico hasta lo más alto, pero alguien decidió colocar, además, una bandera más grande de la que ya ondeaba en lo alto. Hay diversas versiones acerca de quién facilitó la segunda enseña. Lo cierto es que la llevó consigo Rene Gagnon, soldado raso y mensajero que inicialmente no estaba con la patrulla. Rosenthal, que se había perdido la primera misión, subió tras esta segunda en compañía de dos fotógrafos de la Marina, Bob Cambell y Bill Genaust. Como los japoneses estaban siendo bombardeados, el tiroteo había finalizado y el camino era relativamente seguro pero aun así el ascenso resultó tan dificultoso que Rosenthal se planteó abandonar y regresar a la base. Entonces se encontraron con Lowery, quien le comentó que lo alto del monte era un sitio perfecto para tomar imágenes de aquel peculiar campo de batalla.

Picado por el hecho de no haber subido el primero junto a Lowery, Rosenthal sacó fuerzas de flaqueza y continuó el ascenso. Una vez arriba encontraron a los marines atareados y el resto es historia. Según confesaría más tarde el corresponsal, en el momento en el que tomó la imagen no fue consciente de su grandeza icónica. Hay que tener en cuenta las máquinas de fotos que se empleaban en aquel momento y el hecho de que había que esperar al revelado para valorar una instantánea.

De la media docena de marines que aparecen alzando la bandera en la foto de Rosenthal, sólo la mitad sobrevivió a la batalla de Iwo Jima. No había pasado una semana de la subida al Suribachi cuando Strank fue alcanzado por un misil paradójicamente disparado desde un destructor norteamericano. Block murió pocas horas después alcanzado por un disparo de mortero. Sousley fue abatido por un francotirador el 21 de marzo, poco antes de que finalizaran todos los combates.

El resto se llevó la sorpresa de su vida al finalizar la misión y descubrir el impacto que había tenido la imagen tomada por Rosenthal, quien también se vio desbordado: de la noche a la mañana se convirtió en el fotógrafo más famoso del frente, recibió un aumento de sueldo y el premio Pulitzer de Fotografía e incluso fue invitado a la Casa Blanca para ser recibido por el presidente Harry Truman, si bien declaró públicamente que el mayor premio recibido consistía en haber salido vivo de la guerra. Además de ser reproducida en innumerables documentos, publicaciones y sellos, en 1954 la foto sirvió de modelo para el monumento en bronce que se levanta desde entonces en el condado de Arlington, Virginia, dedicado a la Infantería de Marina. Según la encuesta elaborada por la Universidad de Nueva York en 1999, ocupa el lugar número 68 entre las 100 mejores fotos periodísticas del siglo XX.

Al final de la SGM, Joe Rosenthal aceptó una oferta para trabajar en el *San Francisco Chronicle*, donde se jubilaría 35 años más tarde. Cuando murió el 20 de agosto de 2006, fue galardonado de nuevo a título póstumo con la Medalla al Servicio Público Distinguido por parte del Cuerpo de Marines.

Respecto a Iwo Jima, la Fuerza Aérea de EE.UU. mantuvo una base militar allí durante veinte años y todavía hasta 1968 acogía a un reducido grupo de la Guardia Costera. Al fin, en 1993 fue reintegrada definitivamente a Japón y sus instalaciones pertenecen hoy a las llamadas Fuerzas de Autodefensa niponas, que mantienen en ella a unos 300 militares. Aún existe un memorial en el lugar donde fuera alzada la bandera norteamericana.

La tripulación del *USS Stanly* y su día de suerte en Okinawa

El protagonista de esta historia no es un solo militar sino toda una tripulación: la del destructor *USS Stanly*, un navío de la clase Fletcher de la *US Navy* que logró su propia nota a pie de página en este sangriento conflicto gracias a una jornada increíblemente afortunada: la del 12 de abril de 1945. La SGM estaba próxima a finalizar y los japoneses defendían ferozmente sus menguantes posiciones empleando ya a sus temidos escuadrones kamikaze, integrados por militares dispuestos a morir impactando sus aviones contra los buques de guerra de EE.UU.

En esa fecha, el *USS Stanly* navegaba al norte de la isla de Okinawa cuando recibió una alerta de otro destructor, el *USS Cassin Young*, que se encontraba en la zona soportando precisamente el ataque de un grupo de kamikazes. El capitán ordenó poner rumbo al lugar del combate y pronto se encontró en plena acción. Como era habitual en aquellos casos, el bu-

El *USS Stanly*.

Los kamikazes no servían sólo como pilotos de caza. Buena prueba de ellos es el Yokosuka MXY-7 conocido popularmente como Ohka: un auténtico torpedo aéreo de algo más de 5 metros de envergadura dotado de alerones estabilizadores y una cabina diminuta para el piloto, que albergaba más de una tonelada de carga explosiva (usualmente, una ojiva de 1.200 kilogramos de trinitroaminol) y que era transportado hasta el lugar de su lanzamiento por un avión nodriza.

Un Ohka casi listo para ser empleado.

El aparato nodriza lo dejaba caer sobre el objetivo y el Ohka planeaba hasta garantizar su rumbo: entonces encendía sus cohetes propulsores que le proporcionaban una gran velocidad y le convertían en difícilmente eludible.

El ingenio era tripulado por un piloto que garantizaba una puntería mucho mayor que cualquier guía mecánica y que lógicamente fallecía en el momento de la explosión contra el casco de la nave que pretendía hundir. De hecho, fue diseñado exclusivamente para el uso de los kamikazes, miembros de la Jinrai Butai o *Cuerpo del Dios del Trueno*. *Ohka* en japonés significa *Flor de Cerezo*, pero los norteamericanos, que no creían en las tácticas suicidas, lo rebautizaron como *Baka*, que en el mismo idioma significa *Estúpido*.

que navegaba en zigzag mientras disparaba a diestro y siniestro sus baterías antiaéreas. Lo hizo con tanta habilidad y buena fortuna que logró derribar a media docena de aviones torpederos japoneses Aichi D3A.

Pero la sonrisa se borró del rostro de los artilleros norteamericanos al contemplar cómo se aproximaba hacia ellos a unos 900 kilómetros por hora un Ohka, una bomba tripulada, que acabó impactando a poco más de un metro sobre la línea de flotación, contra la borda de estribor de su barco.

La velocidad y la potencia de aquella máquina mortífera fue tal que la carga explosiva atravesó el buque de parte a parte y acabó estallando en el mar en lugar de hacerlo en las entrañas del destructor, lo que hubiera supuesto su hundimiento seguro.

Los marinos estadounidenses no podían creer que hubieran tenido tanta suerte, pero no había tiempo para celebrarlo: divisaron un segundo Ohka cayendo sobre ellos a similar velocidad. El kamikaze nipón que lo guiaba estaba dispuesto a terminar lo que su compañero había empezado y se afanó por lograr el blanco. Una afortunada maniobra de última hora del *USS Stanly* permitió evitar ser alcanzado por pocos centímetros. El segundo torpedo humano sólo logró arrancar el mástil con la enseña del destructor antes de deflagrar también en el océano.

El capitán recibió la orden de retirarse de inmediato. Su barco no estaba en condiciones de aguantar mucho más castigo y ya se había librado dos veces del hundimiento. Pero el refrán dice que no hay dos sin tres: mientras el *USS Stanly* se alejaba en busca de aguas más seguras, un tercer kamikaze, esta vez a bordo de un Mitsubishi A6M, popularmente conocido como Zero, se lanzó en su persecución. Primero le arrojó la bomba que cargaba, pero esta no le alcanzó e hizo explosión a popa del buque. Entonces, el piloto nipón optó por lanzarse en picado para estrellarse contra el barco y rematarlo. No contaba con la buena puntería de los artilleros del *USS Stanly,* que le acertaron en pleno vuelo y le derribaron a varias decenas de metros.

Finalmente, el destructor logró llegar a puerto seguro para ser reparado. Cuando el capitán presentó su informe definitivo de los hechos ocurridos aquel 12 de abril, sus superiores se quedaron asombrados por su buena suerte. El barco había sufrido importantes daños pero su eficaz tripulación, que había sobrevivido a tres ataques kamikazes, no sufría ninguna baja mortal: sólo tres marinos heridos.

El epílogo de esta aventura es más dramático. Poco más de un mes después, el *USS Stanly*, ya reparado, realizaba unos ejercicios rutinarios de tiro antes de regresar a la lucha activa. Una de sus baterías principales estalló entonces por accidente y dos de los artilleros que la servían murieron en aquel momento Fueron las únicas víctimas en la hoja de servicios de este destructor.

Yukio Araki: el joven kamikaze

«Te agradezco que hayas cuidado tanto de mí durante todo este tiempo (…) por desgracia no he podido compensártelo más que con esta nota (…) en breve entrarás tú también en el Ejército imperial y espero que te esfuerces con un devoto servicio y trabajo militar (…) Nos veremos de nuevo bajo las flores de Kudan», escribió Yukio Araki a su hermano Selichi a finales de mayo de 1945.

La colina Kudan (*de los nueve escalones*, en japonés) en Tokio alberga un templo sintoísta en honor a los espíritus de los militares muertos en batalla, en defensa de Japón: el Yasukuni Jinja que, paradójicamente, significa *Santuario de un pueblo pacífico*. Levantado en junio de 1869 en la época del emperador Meiji, allí se venera la memoria de cerca de dos millones y medio de *kami* (*espíritus*) de soldados caídos durante diversos conflictos, desde la *Boshin* o guerra civil de 1867 a 1868 hasta la SGM, pasando por la primera guerra Sino-japonesa, la guerra Ruso-japonesa, la PGM o la invasión de Manchuria. Es todo un referente para la cultura militar nipona, aunque en los últimos años ha sido víctima de la polémica al conocerse que 14 condenados por crímenes de guerra por el Tribunal Militar Internacional para el Lejano Oriente (entre ellos, el que fuera primer ministro Hideki Tojo, ejecutado en la horca) eran considerados como «Mártires de Showa». Showa fue el emperador que en Occidente conocemos por su nombre de pila: Hirohito.

Como tantos otros jóvenes idealistas (o fanáticos, según la interpretación), Yukio estaba dispuesto a servir a su patria hasta el final, literalmente. Por eso se había alistado en la Shinpu Tokubetsu Kogekitai o Tokko Tai: la *Unidad Especial de Ataque Shinpu* o lo que popularmente conocemos como los grupos kamikaze (literalmente, *el viento del dios*) aunque los japoneses jamás los llamaron así. El uso y la popularización

La sucesión de derrotas japonesas y la aplastante superioridad naval y aérea aliada condujo al alto mando en Tokio a plantear la posibilidad de destruir los recursos del adversario de un modo más rápido y eficiente que con los ataques convencionales. Así surgió la idea de emplear voluntarios que pudieran estrellar aparatos cargados con explosivos contra los barcos enemigos. Por lo general se utilizaba el Zero, nombre popular del Mitsubishi A6M, un magnífico avión en cuanto a prestaciones y uno de los más utilizados en la guerra del Pacífico. También había planes para desarrollar unidades de submarinos con explosivos, torpedos humanos y hasta escuadrones suicidas. Algunos de ellos llegaron a ponerse en práctica, aunque fueran menos conocidos.

Un Zero despegando.

En todo caso, un gran número de pilotos que resultaban heridos en combate o que veían su avión averiado terminaban suicidándose también, arrojándose sobre un objetivo aliado. La muerte en batalla formaba parte de la cultura del honor y la guerra contenida en los códigos nipones como el *Bushido*, el *Camino del Guerrero*. Para todos aquellos que aspiraban a cumplir con la tradición de los antepasados, la derrota o la rendición no eran opciones: la única salida respetable para quien no triunfara en una batalla pasaba por perecer en ella.

Los «ataques especiales» (en japonés, se acuñó el verbo *Tokko*, derivado del nombre de la unidad, para definir estas acciones) comenzaron en octubre de 1944. Aunque las cifras varían según los historiadores que las examinen, se estima que cerca de 4.000 pilotos kamikazes participaron en ellos y que en torno a medio centenar de buques aliados de todo tipo fueron hundidos, mientras que otros 300 resultaron con diversos daños. En consecuencia, y pese al temor que inspiraban entre los aliados, no puede decirse que fueran realmente muy eficaces, pues se calcula que sólo en torno al 14% de estas misiones suicidas llegaron a estrellarse realmente contra un navío enemigo. El creador formal de la unidad Shinpu, el vicealmirante Takihiro Onishi, también se suicidó, pero no como un kamikaze: se practicó el *seppuku* o *harakiri* tras recibir la confirmación de la rendición incondicional de su país.

de la expresión *kamikaze*, que existe de verdad en idioma nipón a partir de los hechos ocurridos durante una frustrada invasión naval de su territorio por los mongoles en el siglo XIII, fue un error de traducción de los norteamericanos para referirse a esta unidad. El nombre hizo fortuna y hoy está mundialmente aceptado.

Yukio Araki había nacido en Kiryu, pequeña localidad ubicada a un centenar de kilómetros de Tokio, y con sólo 15 años de edad se presentó voluntario para el programa de entrenamiento de jóvenes pilotos del Ejército Imperial. Era septiembre de 1943 y el panorama se oscurecía por momentos para Japón: los Aliados avanzaban en diversos frentes e incluso habían organizado una exitosa emboscada para matar al principal héroe de guerra nipón, el almirante Irosoku Yamamoto, durante una visita a las islas Salomón. Fue un duro golpe para todos los japoneses, pero también un revulsivo para muchos de ellos, que soñaban con vengarlo.

Tras ocho meses de entrenamiento, en mayo de 1944 Yukio ya era oficialmente un piloto de combate a pesar de su juventud, con poco más de 16 años de edad. Su primer destino fue la 23 escuadrilla desplegada en Pyongyang, Corea, donde se había creado una unidad con nuevos bombarderos ligeros, los Mitsubishi Ki-51, diseñados en principio como apoyo a unidades de tierra. En febrero de 1945, se presentó voluntario, junto al resto de pilotos de su escuadrilla, para la unidad Shinpu. Todos fueron conducidos de regreso a Japón para adaptar sus aviones.

A primeros de abril, obtuvo un permiso que aprovechó para ir a visitar a su familia. Sus padres comprendieron que aquella era su despedida, aunque todo lo relacionado con los escuadrones suicidas era alto secreto. El mismo mes, los doce pilotos que componían la unidad regresaron a Corea a la espera de órdenes. En un combate contra Mustangs norteamericanos, uno de ellos murió y otro resultó herido. Quedaban, pues, diez pilotos, que fueron destinados a una base al sur de Japón, donde el 26 de abril un fotógrafo del diario *Asahi Shimbun* (uno de los más importantes del mundo, incluso a día de hoy) tuvo oportunidad de tomar una de las imágenes más famosas de la guerra del Pacífico. En ella se podía ver a Yukio con un cachorro en sus manos y rodeado por cuatro sonrientes compañeros de su grupo suicida.

Al amanecer del día siguiente, los supervivientes de la escuadrilla despegaban con destino a Okinawa como integrantes del 8.º Ataque Kamikaze Masivo, aunque uno de los aviones se vio forzado a regresar al

Yukio Araki y sus camaradas.

poco de partir por una avería en el motor. Más de un centenar de aparatos se lanzaron contra la flota norteamericana aquel 27 de mayo. Nueve de ellos pertenecían al grupo de Yukio, en el que media docena de pilotos no había cumplido todavía los veinte años, empezando por él mismo, que en el momento de su sacrificio tenía apenas 17 y dos meses de edad. Fue también este grupo el único que consiguió cierto «éxito», pues los únicos dos kamikazes que lograron un impacto directo pertenecían a su grupo: se estrellaron contra el destructor *Braine* y causaron cerca de 150 bajas a los norteamericanos, entre muertos y heridos. A día de hoy, ha sido imposible averiguar si alguno de ellos fue el pilotado por Yukio Araki.

Hiro Onoda y la guerra interminable

En 1965, una nativa de las islas Salomón se encontró con un hombre entrado en años y vestido con un deteriorado uniforme del Ejército Imperial de Japón. Estaba merodeando en su jardín en el islote de Vella Lavella y parecía confuso y temeroso La mujer avisó a las autoridades, que actuaron de acuerdo con el protocolo al que se habían acostumbrado desde hacía veinte años: primero, arrojar panfletos desde el aire sobre la zona informando del fin de la SGM y, después, invitar a la mayor autoridad nipona en la región, en este caso el embajador japonés, para que se desplazara hasta aquel punto y, tras encontrar y localizar al hombre, convencerle de que se entregara para poder repatriarle.

Vella Lavella estaba defendido desde agosto de 1944 por unos 300 soldados japoneses, pero su posición no era demasiado importante y fue rebasada por la Armada norteamericana que, en su avance hacia Japón, no tenía tiempo de revisar una por una todas las islas sin valor estratégico que iban quedando atrás. En 1959 se facilitaron los primeros informes de los nativos acerca de hombres de largas barbas y mal vestidos que se escondían en la selva y que tenían todo el aspecto de ser antiguos combatientes. La localización de aquel veterano confirmó estas historias y reforzó el mito del soldado irredento del Pacífico.

Oficialmente, Japón se rindió a los Aliados el 15 de agosto de 1945, tras los devastadores bombardeos nucleares de Hiroshima y Nagasaki. El 2 de septiembre se organizó, a bordo del acorazado *USS Missouri*,

Muchos soldados japoneses, unos 150.000 según algunas fuentes, quedaron aislados en China al final de la guerra del Pacífico. O bien no tenían medios para regresar a su país por la compleja situación que se vivía en la región o bien no querían hacerlo para no afrontar una pérdida del honor que tampoco querían *lavar con sangre*.

El destino de muchos de ellos es incierto en medio del caos de aquellos momentos: algunos se enrolaron en las tropas soviéticas desplegadas dentro de territorio chino y otros lo hicieron con sus antiguos enemigos chinos para enfrentar a los soviéticos; unos terceros se reconvirtieron en mercenarios al servicio de quien tuviera suficiente dinero en la zona para pagarles; otros grupos fueron perseguidos y muertos por la población local o por alguna otra unidad militar en la región; incluso hubo soldados que prefirieron buscar un lugar fácil de defender, atrincherarse ahí y esperar acontecimientos.

Caso distinto es el de los *Zan-ry Nippon Hei*, literalmente *los soldados rezagados*, en distintas islas del Pacífico, que quedaron incomunicados del resto del Ejército Imperial tras derrumbarse el frente y ser ampliamente sobrepasados por el enemigo. Mientras que sus compañeros que habían quedado en China estaban informados de la rendición, la mayoría de los que *«han-quedado-atrás»* carecían no ya de órdenes sino de noticias fidedignas sobre lo que ocurría y, si habían oído algo, no querían darle crédito por pensar que era propaganda norteamericana.

Los rezagados fueron rindiéndose a lo largo de los treinta años siguientes, a medida que el hambre, la soledad o el cansancio fueron haciendo mella en ellos. Sus casos generaron libros de memorias, películas, exposiciones y hasta chistes, y crearon todo un subgénero en la literatura sobre la SGM. Aun recientemente se publicó que dos soldados ya octogenarios, Yoshio Yamakawa, de 87 años, y Tsuzuki Nakauchi, de 83, se habían entregado en Filipinas en 2005, aunque este hecho resultó ser un fraude.

una ceremonia formal en el curso de la cual el ministro nipón de Asuntos Exteriores, Mamoru Shigemitsu, fue el encargado de firmar el «vergonzoso» texto del acta de rendición.

Sin embargo, no todos los militares japoneses se declararon vencidos en aquel momento. Muchos generales y jefes desplazados fuera de su país y ubicados aún junto a sus tropas en diversos frentes del Pacífico se negaron a darse por vencidos hasta entregar personalmente su propia espada en algún tipo de ritual organizado frente al mando de los aliados en su zona de combate. Muchos otros se suicidaron al objeto de no afrontar el grave deshonor que para ellos suponía la derrota.

Uno de los últimos japoneses en entregarse fue el teniente Hiro Onoda. Entrenado como oficial de inteligencia, fue enviado con sólo 22 años de edad a Filipinas, con la orden de preparar y desarrollar una guerra de guerrillas contra las tropas norteamericanas que se disponían a invadir la isla de Lubang. Era diciembre de 1944 y los comandos como el suyo tenían instrucciones estrictas para entorpecer en la medida de lo posible el avance aliado, inutilizando todo tipo de infraestructuras y luchando hasta el final.

Sin embargo, Onoda se encontró con una desagradable sorpresa al llegar a Lubang: los oficiales japoneses que llevaban allí más tiempo y que le superaban en rango no estaban por la labor de cumplir las estrictas órdenes de Tokio. Veían perdida la guerra y su moral y compromiso personales estaban muy disminuidos. Se negaron a seguir el plan que traía consigo y se limitaron a esperar la llegada del enemigo. De esta forma las tropas anfibias estadounidenses ocuparon Lubang sin grandes problemas y tomaron prisioneros a casi todos los japoneses. Sólo Onoda se negó a deponer la actitud belicosa y ordenó a los supervivientes de su unidad replegarse junto a él hacia la zona montañosa de la isla, de donde resultaría difícil desalojarlos.

El teniente Onoda sólo encontró a otros tres hombres dispuestos a continuar la lucha: el cabo Shoichi Shimada, el soldado de primera clase Kinshichi Kozuka y el soldado Yuichi Akatsu. Los cuatro constituían el último reducto del Ejército Imperial en Lubang y permanecieron escondidos durante varios meses. En octubre de 1945 encontraron el primer panfleto advirtiendo de que la SGM había terminado en el mes de agosto y conminándoles a bajar de su refugio montañoso, pero lo ignoraron por considerarlo una trampa. A finales de aquel año, encontraron otro que incluía la orden oficial de entregarse a los norteamericanos firmada por el general Tomoyuki Yamashita, pero igualmente lo consideraron propaganda y lo desestimaron.

Pasaron varios años sin novedades. Los soldados norteamericanos y los filipinos sabían que Onoda y sus irreductibles continuaban en la región pero no se atrevían a aventurarse allí, por temor a ser disparados y morir por un conflicto que ya había finalizado. Los nipones tampoco se movían mucho del lugar donde se refugiaban para no caer en manos de un enemigo que había dejado de serlo hacía ya bastante tiempo, aunque todavía no lo creyeran. Cada vez que se lanzaban nuevos folletos, incluyendo algunos con cartas y fotos de familiares instándoles a rendirse, acababan desestimándolos por considerarlos una trampa mientras trataban de mantener sus actividades de guerrilla, un tanto surrealista, quemando el arroz de los agricultores locales o saqueando los almacenes de los pescadores nativos. Finalmente, en 1949, Akatsu no lo aguantó más. Se separó del grupo y, tras algunos meses más viviendo en solitario, acabó rindiéndose a las fuerzas filipinas al año siguiente.

Varias misiones trataron de poner fin a la situación localizando y deteniendo a los tres supervivientes nipones durante los años cincuenta e intercambiaron tiroteos con ellos. Cerca de treinta filipinos murieron a lo largo de los años en estas luchas absurdas, pero los japoneses tampoco salieron indemnes: en 1954, el cabo Shimada, que ya había sido herido poco antes en una pierna, resultó muerto en un cruce de disparos. Para 1959, los dos supervivientes se habían adaptado y camuflado tan bien en la geografía de Lubang y habían reducido tanto sus actividades, que fueron declarados muertos oficialmente. Pero en 1972 reaparecieron en uno de sus inesperados e irregulares ataques guerrilleros y varios agentes de la policía local mataron a Kozuka. De nuevo se enviaron expediciones en busca del escurridizo y ahora solitario teniente y de nuevo volvieron con las manos vacías.

Por fin, un estudiante japonés llamado Norio Suzuki, que había abandonado la universidad para viajar por el mundo, le encontró en febrero de 1974. Suzuki había comentado irónicamente a sus conocidos que viajaba «para encontrar al teniente Onoda, a un oso panda libre y al abominable Hombre de las Nieves, sucesivamente y por ese orden». A falta de los siguientes en la lista, no sólo logró hallar al militar nipón sino que se hizo amigo suyo, le puso al día de lo que había sucedido en los casi treinta años que habían transcurrido desde el final de la guerra y prácticamente le convenció de que depusiera su actitud y regresara a casa: su honor estaba completamente a salvo, le dijo. A pesar de ello, el oficial argumentaba que no podía entregarse hasta que recibiera una orden directa de un superior.

Así que Suzuki regresó a Japón con las fotografías que había tomado junto a Onoda como prueba de que había tenido éxito en su búsqueda e informó de inmediato a las autoridades. Ellas localizaron al que había sido su superior durante la guerra, el mayor Taniguchi, a estas alturas reconvertido en librero. Taniguchi tuvo que desplazarse personalmente a Lubang para encontrarse con el teniente, informarle oficialmente de la derrota de Japón y confirmarle que debía entregar las armas. Y así lo hizo, al fin: devolvió su arsenal completo, compuesto por el uniforme, un fusil Arisaka 99 aún útil, medio millar de cartuchos, varias granadas de mano y su sable.

El entonces presidente de Filipinas Ferdinand Marcos tuvo en cuenta la petición del gobierno nipón para que permitiera la deportación in-

Hiro Onoda rindiéndose en Filipinas.

mediata de Onoda, teniendo en cuenta la extraña vida que había tenido durante todos aquellos años, y a pesar de los cargos contra él por sus violentas actividades desde su refugio en la selva. El teniente regresó a su país nervioso y confuso, y aún más sorprendido se quedó al comprobar la popularidad que había adquirido allí, hasta el punto de que le propusieron que se presentara como candidato a la Dieta o Parlamento japonés.

Resumió su bélica autobiografía en *No surrender: my thirty year war* (*Sin rendirse: mi guerra de treinta años*) y reorientó su vida hacia la cría de ganado en Brasil. Más tarde fundó en el archipiélago nipón un campamento educativo para jóvenes, mientras que su mujer Machie, con la que se casó en 1976, se convirtió en la presidenta de la Asociación de Mujeres de Japón. En 1996 regresó a la isla de Lubang, donde donó 10.000 dólares americanos para la escuela local. En el momento de escribir estas líneas, el teniente Onoda tiene 91 años de edad y vive por fin su vida en paz.

Según el Ministerio de Salud de Japón, a día de hoy, todavía hay más de 400 japoneses oficialmente desaparecidos desde el final de la guerra: 24 de ellos, militares, y el resto, civiles que estaban empleados en apoyo de unidades del ejército.

10

Berlín. El *Ragnarok*

El escenario

Una vez rotas las potentes defensas del Rin, los ejércitos de los Aliados occidentales penetraron en Alemania pero, por los acuerdos entre Roosevelt y Stalin que Churchill no tuvo más remedio que acatar, se ordenó ralentizar su avance para que fueran los soviéticos los que llegaran primero a Berlín y derruyeran la otrora orgullosa capital del III Reich. La batalla de Berlín fue un episodio especialmente brutal y sangriento, un colofón digno de aquella guerra tan dramática y un adecuado *Ragnarok* o *Crepúsculo de los Dioses* para el régimen de Hitler. A día de hoy, se desconoce el número exacto de personas que perecieron luchando casa por casa. Según datos extraídos de documentos soviéticos desclasificados desde entonces, entre el 16 de abril y el 8 de mayo de 1945, más de 81.000 de sus militares murieron y otros 280.000 fueron heridos. Investigadores occidentales elevan la cifra de sus víctimas mortales a más de 100.000. En cuanto a los alemanes, según la documentación soviética, murieron o resultaron heridos más de 458.000 y una cifra similar fueron hechos prisioneros. La misma fuente cifra en torno a 125.000 los civiles fallecidos.

Miguel Ezquerra, un *SS Obersturmbannführer* español

Cualquiera que pudiera sostener un arma fue llamado a la defensa de Berlín ante al avance soviético. Las barricadas fueron ocupadas por una amalgama de unidades de los tres ejércitos, efectivos SS, miembros de la *Völksturm* y de las *Hitlerjugend* y voluntarios extranjeros..., incluyendo un puñado de españoles.

Uno de ellos fue conducido ante el propio Adolf Hitler en aquellos días finales: el *SS Obersturmbannführer* (equivalente en el ejército español a teniente coronel) Miguel Ezquerra, el español con mayor graduación que combatió a las órdenes directas del Führer al final de la SGM y que llegó a comandar una unidad con su propio nombre. En sus memorias *Berlín, a sangre y fuego*, relató cómo atravesó sucesivas barreras de protección con una impresionante vigilancia de militares con el uniforme negro y plata «armados hasta los dientes (...) delante de cada una de las puertas, que me recuerdan la entrada a la cámara acorazada de un banco y que van abriéndose delante de nosotros con las mismas precauciones», antes de encontrarse en la misma habitación con Hitler, su ministro de propaganda y Gauleiter de Berlín Joseph Göbbels y varios generales.

La entrevista con el máximo responsable del III Reich, al que Ezquerra afirmó ver «muy tranquilo, quizá algo cansado, pero no "completamente destrozado" como luego se ha dicho» fue breve. Se cuadró y Hitler le miró fijamente a los ojos antes de empezar a hablar. Como tantos otros antes que él, el militar español dijo comprender en aquel momento la fascinación que ejercía con su mirada «lo mismo sobre los hombres que sobre las masas». El Führer se expresó con lentitud, advertido de que Ezquerra no hablaba bien el alemán, y le felicitó por la intervención de los españoles para mantener el frente. Luego, le concedió la distinción de Caballero de la Cruz de Hierro y le otorgó la nacionalidad alemana. A través del intérprete, Ezquerra le agradeció esta última deferencia pero le contestó que él era español y seguiría siéndolo «mientras viviera».

El aragonés Miguel Ezquerra Sánchez combatió en el bando franquista durante la Guerra Civil, que concluyó con la graduación de alférez provisional. Licenciado y reincorporado a la vida civil como maestro de escuela, su experiencia militar, su afán de aventuras y su deseo de «devolver la ayuda» a los alemanes le llevó a intentar enrolarse en varias ocasiones sin éxito como voluntario en la Werhmacht en cuanto comenzó la SGM. Finalmente logró una plaza a finales de 1942 en uno de los relevos de la División Azul. Con ella combatió en Leningrado hasta que en octubre de 1943 se recibió la orden de disolverla y regresar a España.

Entrada al búnker de Hitler, ya destruido, tras terminar la guerra en Europa.

Miles de españoles que deseaban seguir luchando contra la URSS vieron frustrados sus propósitos, pero la orden de regreso era inapelable: a las presiones de los Aliados, se sumaba que la suerte de la guerra estaba variando y el general Franco creyó prudente desvincularse en la medida de lo posible de Alemania por si al final resultaba derrotada. Por eso, además del regreso de la División Azul, ordenó el cierre de fronteras en los Pirineos. Los últimos en retirarse oficialmente fueron los integrantes de la denominada Legión Azul.

Decidido a apoyar al III Reich hasta el final, tras su repatriación a España Ezquerra cruzó de nuevo, esta vez de forma clandestina, la frontera hispanofrancesa en compañía de otros exdivisionarios y volvió a enrolarse con los alemanes, que en aquel momento aún controlaban el país vecino a través del régimen de Vichy. Captado para los servicios secretos germanos, actuó con el alias de Capitán Kronos. Su principal misión fue ayudar a los españoles que querían imitarle para combatir contra los soviéticos. Durante su estancia en Francia también fue reclamado para combatir al mando de un grupo de compatriotas encuadrados en las Waffen SS contra los Aliados que afianzaban su cabeza de puente tras desembarcar en Normandía. Fue uno de los últimos miembros del ejército germano en abandonar París en dirección hacia Nancy, justo cuando por el otro lado de la capital francesa irrumpían los primeros tanques aliados de la división del general Leclerc, algunos de ellos tripulados precisamente por españoles, exiliados republicanos.

Entre las múltiples aventuras que relata en sus memorias, explica su participación en la ofensiva de las Ardenas, donde, al mando de un pequeño pero bien preparado grupo de comandos integrado por unos cuarenta españoles, protagonizó un audaz golpe de mano a mediados de diciembre de 1944. Llegó hasta un pueblo ocupado por los norteamericanos, donde se almacenaban las reservas de munición de toda una división. Al frente de su grupo reventó los depósitos de armas y capturó a más de 300 militares de EE.UU., mientras que sus comandos apenas sufrieron tres muertos y dos heridos. Sin embargo, él mismo sufrió la congelación de su pie derecho y una infección que le obligó a pasar por el quirófano, donde perdió algunas falanges de los dedos.

Destinado finalmente en Berlín, una orden del alto mando le encomendó la recluta de todos los españoles que encontrara para participar en la defensa de la ciudad, fueran militares, trabajadores, estudiantes o incluso presos. Con esta misión y la ayuda del general Wilhelm von Faupel, que había sido el primer embajador de Alemania en la España franquista al principio de la guerra civil y que entonces dirigía el Instituto Iberoamericano de Berlín, organizó en Potsdam su propia tropa, que fue bautizada como *Einheit* (*Unidad*) Ezquerra y que fue integrada en la División SS Nordland. Llegó a tener bajo su mando tres compañías de españoles, junto con algunos franceses y belgas descuadrados de sus ya inexistentes unidades anteriores, y fue ascendido a comandante. En aquel momento, hacía tiempo que no existía ya ninguna representación diplomática de Madrid en la capital alemana y el mundo contenía la respiración a la espera del inminente fin del drama… Los últimos meses en Berlín fueron infernales, con la ciudad en ruinas, las comunicaciones cada día más precarias y los soviéticos acercándose lenta pero inexorablemente, precedidos por el bombardeo constante de su artillería.

La Unidad Ezquerra se batió con notable valor y reconocida eficacia, aplicando su propia técnica para destruir los tanques enemigos con

El Panzerfaust fue una de las armas antitanque más eficientes para el combate urbano. Básicamente se trataba de granadas de carga hueca impulsadas por cohete que se disparaban desde un soporte de tubo desechable. Ligeras y manejables, convertían a cualquier soldado en un cañón viviente capaz de atacar un blindado desde cualquier posición. La versión original data de 1943, aunque hubo varias posteriores. En el caso de Berlín resultó especialmente útil para detener a los blindados soviéticos. Este ingenio dio origen a líneas modernas de armamento como el muy posterior RPG 7 soviético o el LAW 72 norteamericano.

Apuntando un Panzerschreck.

Otro eficaz instrumento contra los blindados era el Panzerschreck o *Terror de los tanques*, denominación popular del Raketenpanzerbüsche: un lanzacohetes reutilizable con proyectiles de calibre 88 milímetros, similar a los utilizados por los cañones más populares del ejército germano, que se convirtió en otra temible arma antitanque. Su apariencia estaba inspirada en el bazuca norteamericano: un tubo largo que se apoyaba en el hombro para ser disparado, aunque el arma alemana poseía además un escudo que protegía al tirador. Su aspecto le valió el apodo de *Ofenrohr* o *Tubo de estufa*.

ayuda de los Panzerfaust o *Puños blindados*. Tras detener y rechazar con éxito una fuerza superior, protegida por varios tanques que fueron destruidos, el alto mando decidió emplear a su grupo como brigada móvil para taponar perforaciones en el frente junto con otra unidad compuesta por alemanes y comandada por un letón, el capitán Willi. Se les asignó sucesivas misiones para defender casas, plazas y puentes, que cumplieron con éxito.

Ezquerra fue entonces ascendido a *SS Obersturmbannführer* y llamado ante Hitler para recibir su felicitación personal. Nadie sabe qué pensó este cuando el orgulloso oficial español rechazó la nacionalidad alemana por considerar de mayor valor la suya propia, pero desde luego debió de sorprenderle su reacción: a esas alturas de la guerra, ningún extranjero que siguiera luchando por el III Reich podía aspirar a una mayor condecoración moral. En todo caso, el Führer repitió su enhorabuena y dio por terminada la entrevista. Ezquerra aún tendría tiempo para tomarse un té con Göbbels y el general Krebs antes de volver a su puesto de combate.

Las últimas misiones de su unidad adquirieron tintes surrealistas, como cuando sus tropas se desplegaron en el edificio del Reichbank para ayudar a un grupo de las Juventudes Hitlerianas a rechazar a dos compañías de soviéticos. Tras asegurar la posición, Ezquerra revisó la situación del inmueble y encontró cantidades indeterminadas de billetes de todas las nacionalidades, pero sólo se interesó por un par de latas de sardinas portuguesas que alguien había dejado sin abrir al comenzar la refriega... En medio del caos y la destrucción, el dinero no servía para nada.

El 30 de abril la Unidad Ezquerra, junto con otros grupos, recibió la orden de forzar un ataque para romper el cerco que en esos momentos habían establecido ya los soviéticos en el centro de Berlín. Lo consiguió, pero a un alto precio, ya que la mayor parte de sus integrantes murieron o desaparecieron en el combate. Horas después llegó la noticia de la muerte de Hitler y en una de las últimas reuniones de oficiales, el teniente coronel español tuvo oportunidad de ver a uno de los principales jefes del III Reich, Martin Bormann, vestido de paisano y obviamente intentando escapar de Berlín a la desesperada.

Tras la capitulación, Ezquerra y otros supervivientes españoles fueron capturados y conducidos junto a miles de prisioneros en la «marcha de la muerte» hacia los gulags. Los soldados soviéticos obligaron a los derrotados a caminar en columna en un interminable viaje a pie hacia Siberia, en el curso del cual les sometieron a continuos malos tratos, robos y abusos y les proporcionaron una alimentación deficiente. Los débiles y enfermos eran apartados del grupo y rematados sin piedad. Entonces Ezquerra decidió fugarse e intentar regresar a España: lo consiguió, junto con otros dos españoles y dos franceses, cuando la columna se encontraba ya en Polonia.

Comienza entonces una nueva odisea porque, a los riesgos del viaje de regreso, tuvo que añadir el de que alguien le reconociera y le denunciara a los Aliados. Tanto ellos como los españoles republicanos manejaban listas de los jefes y oficiales extranjeros que combatieron por Hitler y les buscaban ahora entre los prisioneros y entre la marea humana que vagaba sin rumbo definido por los desolados y arruinados territorios del centro de Europa. Contra viento y marea, Ezquerra logra llegar a Berlín de nuevo, donde se hace con otra identidad a nombre de Fernando Reyes Calvo, natural de Córdoba, Argentina. Gracias a su nueva documenta-

Una de las escasas fotos que se conservan de Ezquerra, durante una entrevista con la revista *Interviú*.

ción llega a Bruselas, primero, y a París, después. Tras mil vicisitudes logrará finalmente alcanzar la frontera francoespañola y atravesarla campo a través.

No obstante, su llegada a territorio español no supuso el fin de su aventura vital. Oficialmente, los españoles que no regresaron una vez ordenada la repatriación, no sólo habían ido en contra de la ley sino que se les había privado de la nacionalidad. Durante los años siguientes, Ezquerra viajará por Portugal, buena parte de América del Sur, el norte de África e incluso la entonces colonia francesa de Indochina, envuelto en diversas empresas económicas y en intrigas relacionadas con los servicios secretos españoles y franceses: el Capitán Kronos volvía por sus fueros.

Sólo en los años setenta regresó finalmente a España, donde falleció en octubre de 1984. Incinerado, sus restos fueron depositados en el panteón de la División Azul del cementerio de la Almudena de la capital de España.

Yevgeni Jaldei y los tres manteles cosidos

Una de las fotografías más famosas y fácilmente identificables de la SGM la obtuvo el fotógrafo Yevgeni Jaldei a primeros de mayo de 1945: en ella se puede ver a un soldado del Ejército Rojo encaramado sobre uno de los adornos del destrozado tejado del Reichstag, en Berlín, con una gran bandera comunista ondeando sobre un humeante horizonte de ruinas. Un oficial con gorra de plato le ayuda a sostenerse en tan precaria posición. Esta impactante imagen simbolizaba la victoria definitiva de la URSS sobre el III Reich, aunque no es una simple foto afortunada sino uno de los montajes de propaganda más brillantes del conflicto.

Durante los estertores de la batalla de Berlín, a primeros de abril de 1945, el mando soviético decidió inmortalizar su inminente victoria y la consecuente toma de la capital alemana con un acto simbólico. Para ello se confeccionó en Moscú una serie de nueve enseñas que recibieron el nombre de «banderas de la victoria» y que fueron enviadas al 3.º Ejército de Choque para que las distribuyera entre los hombres de las distintas divisiones, lo que hizo el 20 de abril. La idea era que alguna de ellas pudiera llegar a ondear en algún momento en lo más alto del Reichstag o Parlamento alemán como icono del triunfo definitivo del Ejército Rojo.

El montaje fotográfico final de Jaldei.

Cada una de estas banderas presentaba la hoz y el martillo, en color blanco sobre el fondo rojo, además de unas palabras conmemorativas e identificativas de la unidad, escritas en caracteres cirílicos. Todas fueron destruidas durante los combates de los días siguientes, menos una, que llevaba la siguiente inscripción: «150 de Fusileros, división galardonada con la Orden de Kutuzov de segundo grado. División Idrickaa. 79 Cuerpo Conjunto, 3.º Ejército de Choque, 1.º Frente Bielorruso». Esta fue la que finalmente consiguió su propósito, aunque hay algunas dudas sobre quién y cuándo la colocó exactamente.

La versión oficial asegura que poco antes de las 22:00 horas del 30 de abril, un sargento ruso llamado Mijail Yegorov y otro georgiano, Melitón Kantaria, fueron los encargados de trepar hasta el punto más alto de la cúpula del edificio en ruinas para instalar allí la enseña. La versión extraoficial afirma que el primero en colocarla fue un soldado ruso, Mijail Minin, aunque su logro fue «borrado» por razones políticas: Stalin era de origen georgiano y, acostumbrado a reescribir la historia a su gusto, prefería que hubiera sido un georgiano el autor de la acción. Sus consejeros le habrían convencido de que, al final, se encargaran de ello los dos sargentos: uno de origen ruso, en reconocimiento a Minin, y otro de origen georgiano, para satisfacer su ego.

La bandera ondeó durante unos días, si bien a mediodía del 1 de mayo un francotirador alemán la derribó y tuvo que ser recolocada. Finalmente, el 3 de mayo fue retirada y enviada a Moscú. Desde entonces se encuentra depositada en el Museo Central de las Fuerzas Armadas de la capital rusa. Esta fue la primera enseña oficial en ondear en el Reichstag, pero no la única. Según diversas informaciones, a lo largo de la batalla llegaron a izarse cerca de cuarenta banderas más: algunas, oficiales, y otras, simples trapos rojos.

Pero faltaba algo: la instantánea que certificara aquel momento para la posteridad. No está muy claro quién se percató antes de semejante necesidad gráfica, aunque lo más probable es que fuera el propio Jaldei, en busca siempre de la fotografía que le reportara el éxito profesional. Jaldei trabajaba para TASS, la agencia de prensa oficial de la URSS, desde los 19 años de edad. Era listo, hábil, osado y poco escrupuloso. Aficionado a la fotografía desde joven y enrolado en el Ejército Rojo prácticamente desde el comienzo de la invasión alemana, cubrió la SGM en todos los frentes a los que le condujo la acción bélica, si bien la mayor parte de sus trabajos no ha llegado a nosotros.

Durante la batalla de Berlín, poseía ya la graduación de teniente. Aunque había cosechado algunas buenas imágenes, todavía no tenía en sus manos una foto de la que poder sentirse verdaderamente orgulloso desde el punto de vista profesional y que le facilitara una proyección laboral una vez finalizara la contienda, lo que estaba a punto de suceder. La inspiración le llegó entonces desde un lugar muy lejano: Iwo Jima. Joe Rosenthal, otro fotoperiodista como él pero norteamericano, había conseguido allí una imagen tan poderosa que en un primer momento se dijo incluso que había sido prefabricada. ¿Por qué no podía hacer él lo mismo?

Jaldei convenció a su tío, enrolado también, para que le ayudara a confeccionar una gran bandera soviética cosiendo varios manteles rojos y añadiéndoles un bordado recortado de la hoz y el martillo, junto con una estrella de cinco puntas. Luego se dedicó a buscar la mejor manera de inmortalizarla. La oportunidad le llegó algunas semanas después con la hasta entonces inexistente foto del Reichstag. La bandera de la victoria se colocó de noche, y por tanto había resultado imposible registrar el momento gráficamente. Después, nadie se había acordado de volver para tomar la foto, a excepción de algunas obtenidas desde un avión.

La versión oficial asegura que el día 2 de mayo (posiblemente fuera más tarde) Jaldei recogió su rudimentaria enseña y se acercó al Reichstag, donde encontró y convenció a su compañero Alexei Kovalyov para que subiera con él al tejado y posara sujetándola. Otros dos militares que se encontraban en la zona se les unieron después. Durante la sesión, Jaldei gastó un rollo completo de 36 fotografías para obtener el que sería uno de los iconos gráficos del siglo XX.

Sin embargo, la foto definitiva y posteriormente reproducida hasta la saciedad es fruto de la manipulación en el laboratorio. Dejando aparte el hecho de que no se trataba de una bandera oficial sino de varios manteles artificialmente unidos entre sí y cuyas costuras se pueden apreciar con claridad, la instantánea distribuida era una mezcla de otras dos: una en la que la composición del soldado principal y del escenario era perfecta pero la enseña comunista no aparecía bien desplegada y otra en la que esta se veía bien. Jaldei recortó la bandera de la segunda para colocarla sobre la primera. Para dar un toque más dramático a la imagen y sugerir que todavía se luchaba en Berlín cuando fue tomada, le añadió un efecto de humareda..., traicionado por la tranquilidad con la que se conducen no sólo los tres militares que aparecen en la serie fotográfica sino los que caminan sin prisa por las calles aledañas junto al menos un blindado soviético T-34, y que pueden contemplarse gracias a la perspectiva. Finalmente, el oficial que aparece ayudando al portador de la bandera, lucía dos relojes, uno en cada muñeca, en la instantánea original. El obvio fruto del pillaje fue «borrado» para no dar imagen de saqueador al ejército soviético. El propio Jaldei reconocería tiempo después las manipulaciones realizadas, que no fueron por cierto las únicas aplicadas en su laboratorio.

De todas formas, Jaldei ya tenía lo que deseaba: una instantánea que le permitiría proyectarse laboralmente y obtener otras de interés en escenarios como la Conferencia de Potsdam o los Juicios de Núremberg, donde incluso tendría un encontronazo personal con uno de los encausados: Hermann Göring. Pretendía hacerse una foto junto al antiguo mariscal y responsable de la Luftwaffe, pero este le rechazó llamándole «cerdo ruso».

En mayo de 2005, *Mundo Obrero* publicó un reportaje en el que aseguraba que uno de los soldados que participó en la sesión de Jaldei era de origen español, aunque su nulo afán de protagonismo y el hecho de que durante la guerra adoptara el nombre ruso de Vladimir Dubrosky habían ocultado el hecho hasta aquel momento. Según esta revista, el verdadero nombre de Dubrosky era Francisco Ripoll, actualmente fallecido. Había sido un «niño de la guerra», hijo de un militar de la Armada que participó en la Guerra Civil española en el bando republicano y que viajó en el último barco que trasladó niños españoles a la Unión Soviética. Recibido en Leningrado, se afilió a las Juventudes Comunistas y más tarde al PCUS.

Alistado como voluntario al comienzo de la Operación Barbarroja, su unidad participó en la defensa de Leningrado y posteriormente se sumó al avance hacia Occidente. Llegó a Berlín como teniente de la XV División de Voluntarios y fue testigo de los sucesivos intentos de colocar la bandera en el Reichstag, frustrados por «francotiradores camuflados en los edificios de alrededor» hasta que, según su versión, subió él con varios voluntarios y lograron izarla «unos minutos». Ripoll afirmaba que «estuvimos arriba una media hora (...) pero todos querían bajar por el peligro de los francotiradores». Respecto a Jaldei, dijo haberle visto, pero que no les dirigió la palabra porque «hizo su trabajo en condiciones muy difíciles». Su visión de lo ocurrido contrasta con lo que puede deducirse de la serie original tomada por el fotógrafo.

Más tarde continuaría su labor para la agencia TASS, aunque no duraría mucho más tiempo, pues fue despedido en 1948. Un informe interno le acusaba de «creído» y de «dormirse en los laureles», calificando su trabajo como el de «un fotoperiodista apenas pasable (...) y de un nivel cultural excepcionalmente bajo». Sobrevivió como *freelance* publicando en varios diarios sovieticos, incluyendo el *Pravda*, pero su carrera declinó con rapidez tras la SGM. Falleció en Moscú en 1997.

El destino quiso añadir un doble toque de sarcasmo al episodio de la bandera en el Reichstag: en primer lugar, la serie de fotos fue tomada

Jaldei en los Juicios de Núremberg.

gracias a una máquina Leica, de origen alemán y considerada como la mejor marca de la época; en segundo lugar, Yevgeni Jaldei había nacido en Ucrania pero era de origen judío.

Hans Prützmann y los hombres lobo

En septiembre de 1914, apenas tres semanas después de haberse alistado voluntario con 48 años de edad para participar en la recién comenzada PGM, moría en acción de guerra en Francia Hermann Löns. Periodista, escritor y naturalista, Löns había cosechado en su vida civil cierto reconocimiento por sus novelas, poemas y recopilaciones de canciones populares, muchas de las cuales ensalzaban a las gentes y los paisajes del norte de Alemania, y que le habían valido el sobrenombre de «el poeta del brezo». El patriotismo que destilaban sus textos le convirtió en uno de los escritores fetiche para los nacionalsocialistas, pese a que nunca tuvo nada que ver con su movimiento, que ni siquiera existía cuando él falleció. Su novela más famosa, ambientada durante la guerra de los Treinta Años, se titulaba *Der Wehrwolf*, un juego de palabras en alemán entre

Hermann Löns, elegante.

Werwolf (*hombre lobo*) y *Wherwolf* (*lobo defensivo*). Con el tiempo daría nombre también a una de las últimas líneas de defensa del III Reich.

Las unidades de guerrilla Werwolf nacieron en 1944 y tuvieron una vida breve, a pesar de que la idea original era que sobrevivieran en el tiempo hasta que el III Reich consiguiera expulsar a los Aliados de su territorio y, si llegaba la derrota definitiva, hasta que pudiera surgir en el futuro un IV Reich. Su desarrollo y organización le fueron encargadas por el mismo *SS Reichsführer* Heinrich Himmler a uno de sus hombres de confianza: Hans Prützmann.

Hans Adolf Prützmann había nacido en Prusia, en la localidad de Tolkemit (hoy Tolkmicko, en Polonia), y se había afiliado tanto al partido nacionalsocialista como a las SS en 1930. En 1938 era elegido miembro del Reichstag y, durante la SGM, hizo carrera hasta ser nombrado general de la Policía y también de las Waffen SS. Himmler le adjudicó el cargo de inspector general de la Defensa Especial, es decir dirigente máximo de las unidades Werwolf, con cuartel general en Berlín, que inicialmente contaron con unos 5.000 efectivos procedentes de las SS y de las Juventudes Hitlerianas.

El concepto de estas tropas especiales se correspondía con el de la doble vida del monstruo con cuyo nombre habían sido bautizadas: en apariencia se trataba de ciudadanos corrientes e integrados en la sociedad que, en determinadas circunstancias, se transformaban temporalmente en elementos muy peligrosos. Su misión consistía en combatir a las tropas aliadas de ocupación, con todo tipo de actos de sabotaje y atentados, y a los alemanes derrotistas o colaboracionistas, con pintadas amenazantes e incluso con asesinatos.

El 9 de abril de 1945, los alemanes fueron llamados a convertirse en *hombres lobo* con la siguiente consigna: «Cada uno de los bolcheviques, cada uno de los ingleses, cada uno de los estadounidenses que pise nuestro suelo deberá convertirse en objetivo de nuestro movimiento». Himmler añadió una orden según la cual los alemanes «de verdad» debían matar a todos los varones que habitaran cualquier casa en la que se desplegara una bandera blanca. Se consideraba como varón responsable de sus actos a todo el que tuviera más de 14 años.

Prützmann había luchado contra la guerrilla soviética y los partisanos en Ucrania hasta septiembre de 1944 y trató de transmitir a sus *hombres lobo* todo lo que había aprendido al respecto. Según su plan de trabajo, estas unidades especiales formarían idealmente grupos de entre tres y seis personas, sin distinción de sexo, que utilizarían armas, munición y explosivos enterrados previamente a la ocupación de un territorio concreto. También ordenó crear varias compañías militares especialmente adiestradas en tácticas guerrilleras que se quedarían voluntariamente en las zonas donde se desmoronara la línea del frente y esperarían ocultas a que el enemigo les desbordase para después atacarles por sorpresa.

Prützmann, a la derecha de Himmler.

Aunque la Parabellum o Luger P08 es la pistola más popular y conocida dentro del armamento alemán de la SGM, las propias tropas germanas preferían utilizar la más segura Walther P38: un arma semiautomática del calibre 9 milímetros y cargador monohilera con ocho cartuchos, que fue desarrollada como pistola estándar para la Wehrmacht durante el decenio de los años treinta.

Walther P38.

La guerra obligó a una elevada producción de esta pistola, cuyo acabado externo sufrió diversas deficiencias a medida que se acercaba el final. Sin embargo, las piezas internas de la P38 mantuvieron su alto nivel de calidad hasta los últimos días del conflicto, lo que la convertían en un arma muy fiable.

Sin embargo, el plan original no dio los resultados apetecidos. El mito asignó armas muy variadas y modernas para esta peculiar «línea de defensa», desde pistolas Walther con silenciador hasta abrigos ignífugos, pero lo cierto es que no llegó a disponer de un equipamiento mínimamente eficaz. Los depósitos de armas, enterrados sobre todo en la antigua frontera entre Alemania y Polonia, eran pocos y no contaban con demasiado material. Además, la desorganización reinante dentro del propio movimiento era tal que pocos *Werwolf* conocían dónde estaban exactamente las armas y qué hacer con ellas una vez desenterradas, pues desconocían los objetivos prioritarios. El Ejército Rojo acabó descubriendo y apoderándose de casi todos los depósitos. En cuanto a las compañías guerrilleras, fueron neutralizadas y desmanteladas por los Aliados en pocos meses.

Tres son las principales víctimas reconocidas de este movimiento. La primera, el *Doktor* Franz Oppenhoff, impuesto por los Aliados como nuevo alcalde de Aquisgrán tras la caída de esta ciudad. En marzo de 1945, dos *hombres lobo* llamados Josef Leitgeb y Herbert Wenzel lograron infiltrarse en el territorio ocupado por las tropas norteamericanas y, haciéndose pasar por aviadores alemanes caídos tras las líneas enemigas, pidieron auxilio en casa de Oppenhoff. Tras ser recibidos por este, Leitgeb le descerrajó un tiro en la cabeza. En la película *Europa*, de Lars von Trier, se recrea este suceso con personajes de ficción: el asesinado es Herr Ravenstein, recién impuesto alcalde de Frankfurt, tiroteado en un tren por dos niños que son a continuación ametrallados por soldados estadounidenses.

La segunda víctima de especial interés fue el mayor John Poston, oficial de enlace del mariscal de campo Montgomery, que fue asesinado poco antes de la rendición alemana. Y la tercera, ya a mediados de junio de 1945, fue el coronel general Nikolai Berzarin, comandante soviético de Berlín, aunque Moscú maquilló los hechos afirmando que había muerto en un accidente de tráfico.

Niños alemanes, acusados de ser *hombres lobo*..., o lobeznos.

Lo cierto es que la unidad Werwolf no respondió a las expectativas depositadas en ella. Prützmann fue criticado por una gestión «pobre y falta de resultados» que acabó derivando en un deslavazado y mediocre grupo terrorista. Los *hombres lobo* demostraron ser poco más que un grupo de niños asustados y unos cuantos fanáticos faltos de preparación y apoyo. Pocas semanas antes del fin, Himmler ordenó desarticularlo, aunque algunos de sus miembros siguieron actuando por libre incluso finalizada la SGM, como en el caso de Berzarin.

A finales de mayo de 1945, Prützmann cayó en manos de soldados del Ejército británico en la localidad de Lüneburg. Al ser identificado, ingirió la cápsula de cianuro que llevaba consigo en calidad de alto oficial de las SS. El mismo destino que siguió su superior, Heinrich Himmler, cuando sólo dos días más tarde fue detenido en el mismo lugar y en las mismas condiciones.

Werner Baumbach y la fuga de Hitler

Entre el 17 de julio y el 2 de agosto de 1945 se celebró la Conferencia de Potsdam, en la que EE.UU., la URSS y el Reino Unido decidieron definitivamente cómo desmembrar Alemania y controlarla a partir de entonces. En un descanso de las reuniones, un Stalin de buen humor se levantó de la mesa y se acercó a James Francis Byrnes, uno de los principales dirigentes de la administración estadounidense: en aquel momento, secretario de Estado.

—Un brindis, camarada —dijo Stalin chocando su vaso de licor con el de Byrnes.

—Brindemos, pues… Ahora por fin tenemos una razón para hacerlo, una vez que hemos terminado con los malditos nazis. Por cierto, me gustaría preguntarle algo…

—Dígame.

—¿Qué opina usted acerca de la muerte de Hitler? ¿Cuál es su teoría acerca de cómo falleció realmente?

—Oh, él no ha muerto…

—¿Cómo dice? —Byrnes abrió mucho los ojos.

—No, no ha muerto. Escapó, rumbo a España o Argentina. Aún lo buscamos…

La historia oficial nos cuenta que Adolf Hitler y Eva Braun se suicidaron en el búnker de la Cancillería del Reich el 30 de abril de 1945 tras casarse el día anterior. Posteriormente, sus cuerpos fueron quemados y, tras la definitiva rendición de las Fuerzas Armadas alemanas, recuperados en parte y analizados por forenses soviéticos. Más tarde, los restos serían completamente destruidos por incineración, y sus cenizas, aventadas por una unidad especial de la URSS en 1970.

Sin embargo, y por sorprendente que pueda parecer, no existen pruebas reales que confirmen este popular relato, basado en los confusos testimonios de un pequeño grupo de incondicionales del Führer (que pudieron ponerse previamente de acuerdo para contarlo y facilitar así la fuga de su jefe) y jamás se ha facilitado un registro fotográfico o de cualquier otro tipo que certifique la existencia de los susodichos cadáveres. De hecho, el famoso pedazo de cráneo con un orificio de bala depositado en los archivos del servicio secreto ruso FSB (antigua KGB), que todavía hoy se presenta como el único resto físico de Hitler, pertenecía en realidad a una mujer mucho más joven, como demostró un análisis de ADN elaborado en 2009 por científicos de la Universidad norteamericana de Connecticut.

Buena prueba de que nadie sabe dónde y cuándo murió realmente Hitler es que, en cuanto cayó Berlín y con él el III Reich, numerosos efectivos de los Aliados fueron destinados a su búsqueda, que se reveló infructuosa. La conversación entre Stalin y Byrnes tuvo lugar realmente, tal y como relató el político norteamericano en sus memorias publicadas en 1948. Pero hay multitud de declaraciones de personajes de la época reconociéndolo, empezando por el mariscal soviético Gregory Zhukov, cuyas tropas conquistaron Berlín, quien dijo que, tras una «concienzuda y larga investigación», jamás encontraron su cadáver: él personalmente pensaba que estaba «en algún punto de Europa, quizás en España». Incluso Eisenhower, en 1952, poco antes de asumir el cargo como presidente de EE.UU., insistió en que «hemos sido incapaces de descubrir ni una sola evidencia que pruebe la muerte de Hitler..., mucha gente cree que escapó de Berlín».

En su investigación *El exilio de Hitler*, el periodista Abel Basti reconstruye la que pudo ser la mayor operación de camuflaje de las SS durante la SGM, destinada a centrar la atención del mundo en un doble del Führer que moriría en primera línea para permitir que el real escapa-

Potsdam: Byrnes es el segundo, de pie, empezando por la derecha.

ra con destino final a Argentina. Según sus datos, el piloto que consiguió sacarle de Alemania se llamaba Werner Baumbach.

Baumbach había nacido en Cloppenburg, Baja Sajonia, y desde joven se interesó por la aviación. A los 22 años ingresó en la Luftwaffe como piloto y se convirtió en uno de los ases destacados de la aviación alemana, con misiones en distintos frentes: desde Scapa Flow hasta Narvik, pasando por Dunkerque, Tobruk o el mar Negro. Baumbach fue tan fiel al III Reich como crítico con la dirección de la Luftwaffe y especialmente con Hermann Göring, al que veía como un dirigente «ineficiente» rodeado de una «camarilla de incompetentes». Las críticas aparecen en su autobiografía, significativamente titulada *Zu spät?* (*¿Demasiado tarde?*) en el original alemán, aunque en inglés apareció como *Broken Swastika* (*Swastika rota*) y en español como *Vida y muerte de la Luftwaffe*, pero tampoco tuvo problemas para expresarlas en voz alta durante la guerra. Su gran popularidad, cosechada junto con la Cruz de Hierro con Hojas de Roble y Espadas gracias a su eficacia como piloto de combate, y su amistad con algunos jefes del alto mando, como el jefe de Estado Mayor Hans Jeschonnek o el ministro de

Producción de Guerra Albert Speer, evitaron que Göring tomara represalias directas contra él.

A partir de 1944 se le nombró comandante de la singular división KG-200, encargada de todas las misiones especiales de la Luftwaffe. A finales de abril de 1945 confirmaba por escrito a Speer y a Heinrich Himmler que disponía de «aviones e hidroaviones listos para volar a cualquier parte del globo. Cada avión cuenta con tripulaciones completas y absolutamente de fiar» a fin de sacar a Hitler de Berlín y ponerle a salvo donde él decidiera. Se conserva una orden de evacuación firmada por él el 1 de mayo para una misión «de rescate urgente a la capital del Reich» con el objeto de salvar a «altos mandos» sin especificar. En sus memorias, relata que estaba en Berlín el día 21 de abril y que el 28 se hallaba en Dinamarca, pero guarda silencio sobre lo que hizo entre ambas fechas. El mismo día 21 formalizó además un certificado que le acreditaba como piloto civil, con lo cual obtenía la autorización legal para ejercer de piloto en cualquier parte del mundo, incluyendo España y Argentina.

Basti incluyó en su libro la reproducción de un documento inédito firmado por Heinrich Müller, general SS conocido como *Gestapo* Müller por ser el jefe de la famosa policía secreta, y titulado *Viaje especial del Führer a Barcelona*, fechado el 20 de abril de 1945. Su teoría es que finalmente Hitler, Eva Braun, Martin Bormann y varios miembros más del círculo íntimo del *Führer*, incluyendo al propio Müller, huyeron de Berlín a bordo de un helicóptero Twinrotor FA-223 pilotado por Baumbach y lograron llegar a Austria, en cuyo aeropuerto de Hörching tomaron un avión que posteriormente les llevaría a Barcelona. Una vez en España, cruzarían el Atlántico con destino a Argentina, probablemente en un convoy de los ultramodernos submarinos del Tipo XXI. En el memorándum aportado por el periodista argentino aparecen también los nombres de Joseph Göbbels, su mujer Magda y sus seis hijos, pero están tachados sobre el original. Por algún motivo, ellos no llegaron a abandonar la asediada capital del Reich y al final se suicidaron antes de caer en manos de los soviéticos. Según Basti, al mismo tiempo que el verdadero Hitler salía de Berlín, llegaba allí el doble que le sustituiría y moriría en su lugar para crear su leyenda de irreductible. El astuto plan consistía en concentrar toda la atención mundial en la permanencia del Hitler falso en el búnker mientras el real se esfumaba.

Hitler tuvo numerosos imitadores incluso antes de que estallara la guerra, como confirmaba el reportaje gráfico *Adolph Hitler's double* publicado por la revista *Newsweek* en 1939. Hoy sabemos que contaba con al menos media docena de dobles que le sustituían en actos oficiales donde sólo hacía falta su presencia, sin necesidad de discursos ni toma de decisiones. En 1944, el *Washington Times Herald* descubrió públicamente a uno de ellos por la forma distinta de sus orejas, y en la primavera de 1945 el *New York Times* hablaba sobre su existencia y su disposición a sacrificar su vida para que «Hitler pueda ser glorificado sin morir de verdad».

Entre sus sosias, se conocen los nombres de Ferdinand Beisel, un miembro de las SA; un actor llamado Andreas Kronstädt; un tal Gustav Weber; un pariente lejano del Führer cuyo apellido era Sillip; un ex comerciante llamado August Wilhelm Bartholdy y el único, que se sepa, que llegó a ser capturado por los norteamericanos en julio de 1945 y que respondía al nombre de Michael Bauer. Nunca se supo lo que ocurrió con Bauer tras su arresto.

Uno de los dobles, muerto en Berlín.

Magda Zeitfeld, oficial del servicio de inteligencia alemán que acabó pasándose a los Aliados en 1944, se enamoró y se casó tras la SGM con el coronel norteamericano Kevin Stapleford, mando del OSS (Overseas Secret Service), la agencia de la que nacería la CIA. A él le reveló que su padre había dirigido la mayor clínica de cirugía plástica de Berlín, donde fue pionero en el uso de prótesis faciales con silicatos especiales. El *Doktor* Zeitfeld trabajó con numerosos jerarcas nacionalsocialistas que antes de la guerra querían aparentar ser más «arios» y que al final de la misma querían cambiar su rostro para facilitar su fuga. Su hija Magda había trabajado con él y conocía un programa secreto de Berlín gracias al cual se preparó a un grupo de cuatro dobles de Hitler que fueron físicamente retocados en su clínica. Según ella, varios dirigentes, entre ellos el propio Führer, lograron escapar gracias a la habilidad como cirujano de su padre.

Precisamente el día 21 de abril se tomaron las últimas instantáneas que se conocen de Hitler en el búnker. Pese a que se supone que estuvo allí varios días más y era muy aficionado a que le fotografiaran, no volvió a aparecer en ninguna. Por cierto, en esas últimas imágenes se le ve en buena forma física y poco tiene que ver con las fotografías que se distribuyeron más tarde, donde se le observa con aspecto avejentado, encorvado y en general acabado. Basti cree que pertenecen al doble.

Una de las últimas fotos más conocidas de Hitler. Para simbolizar su abatimiento y derrota le muestra junto a su ayudante Schaub observando los destrozos de una bomba en la Cancillería.

Última foto oficial sacada en el búnker el 21 de abril, que no suele reproducirse y en la que aparece junto al general Schorner y que contrasta con la anterior.

Werner Baumbach fue apresado por los británicos en mayo de 1945, tras la capitulación. Los tribunales de Núremberg nada pudieron probar contra él aunque se le acusó falsamente de muchas cosas. La prensa británica no le trató mal e incluso le apodó «el Lawrence (de Arabia) alemán» por su combinación de buen militar y pensador místico y buscador del sentido de la vida. En libertad en 1946, fue reclutado por la Argentina de Juan Domingo Perón, igual que otros prominentes militares y técnicos alemanes como Adolf Galland, Hans Ulrich Rudel, Kurt Tank o Walter Horten. Para 1948, era asesor técnico de la Dirección General de Fabricaciones Militares Argentinas y se dedicaba a probar nuevas armas aéreas para el Gobierno de Buenos Aires.

Werner Baumbach en traje de faena.

A finales de octubre de 1953, con sólo 36 años de edad, perdió la vida en uno de sus vuelos de prueba al estrellarse a bordo de un bombardero paradójicamente de origen británico: un Avro Lancaster. Numerosas autoridades argentinas y alemanas y también ciudadanos anónimos se acercaron a despedirle en su funeral. Sus restos fueron luego repatriados a su pueblo natal. Con él se llevó a la tumba el secreto de si había evacuado o no al verdadero Hitler.

Bibliografía

Barker, A. J., *Pearl Harbour*, San Martín, Madrid, 1970.

—, *Armas suicidas,* San Martín, Madrid, 1975.

Basti, Abel, *El exilio de Hitler*, Absalón, Cádiz, 2010.

Beevor, Anthony, *Stalingrado*, Crítica, Barcelona, 2004.

—, *Berlín: la caída, 1945,* Planeta de Agostini, Barcelona, 2006.

Borrego, Salvador, *Waffen SS, ¿criminales o soldados?*, Salvador Borrego. Salvador Borrego Editor, México, 2001.

Burleigh, Michael, *Combate moral,* Taurus, Madrid, 2011.

Caballero, Carlos, García, Dionisio, y Sanz, Ricardo, *Operación Barbarroja*, especial número 4 de la revista SERGA, Almena, Madrid, 2000.

Carrasco, Antonio, *Berlín 1945*, Almena, Madrid, 2010.

Ezquerra, Miguel, *Berlín a vida o muerte*, García Hispán Editor, Granada, 1999.

Gil Martínez, Eduardo M., *Españoles en las SS y la Wehrmacht 1944-45*, Almena, Madrid, 2011.

Gluckstein, Donny, *La otra historia de la Segunda Guerra Mundial*, Ariel, Barcelona, 2013.

Hayward, James, *Mitos y leyendas de la Segunda Guerra Mundial*, Inédita, Barcelona, 2006.

Hernández, Jesús, *Cien historias secretas de la Segunda Guerra Mundial*, Tempus, Barcelona, 2009.

Humble, Richard, *La flota de alta mar japonesa,* San Martín, Madrid, 1980.

Kerrigan, Michael, *Planes fracasados de la II Guerra Mundial*, LIBSA, Madrid, 2012.

Liddell Hart, Basil, *Historia de la Segunda Guerra Mundial*, Luis de Caralt, Barcelona, 1970.

Mac Kesey, Kenneth J., *Afrika Korps*, San Martín, Madrid, 1977.

Márquez Periano, José A., y Mateos Jurado, Alberto, *El bunker del Führer*, Medea, Madrid, 2011.

Murray, Williamson, Millet, Allan R., *La guerra que había que ganar*, Crítica, Barcelona, 2002.

Musgrove, Frank, *Dresde y los bombardeos británicos sobre Alemania*, AF, Valladolid, 2005.

Rees, Laurence, *A puerta cerrada. Historia oculta de la Segunda Guerra Mundial*, Crítica, Barcelona, 2009.

Robbins, Victoria, *La muerte de Hitler*, M.E Editores, Madrid, 1996.

Ros Agudo, Manuel, *La guerra secreta de Franco*, Crítica, Barcelona, 2002.

Rudel, Hans Ulrich, *Piloto de Stukas*, Acervo, Barcelona, 1994.

Ryan, Cornelius, *El día más largo*, Inédita, Barcelona, 2004.

Schön, Heinz, *La tragedia del Gustloff*, Salvat, Barcelona, 2003.

Skorzeny, Otto, *La guerra desconocida*, Ediciones S.A., Madrid, 1976.

Stone, Norman, *Breve historia de la Segunda Guerra Mundial*, Ariel, Barcelona, 2013.

Trevor Roper, Hugh, *Los últimos días de Hitler*, Alba, Barcelona, 2000.

Una mujer en Berlín, Anagrama, Barcelona, 2005.

Vadillo, Fernando, *La gran crónica de la División Azul*, García Hispán, Alicante, 2008.

VV.AA., *Historias secretas de la última guerra,* Selecciones del Reader's Digest, Madrid, 1973.

Wood, Tony, y Gunston, Bill, *El Tercer Reich: Luftwaffe*, Óptima, Barcelona, 1997.

Wright, Derrick, *La batalla de Iwo Jima*, Inédita, Barcelona, 2006.

Young, Peter, *Asalto desde el mar*, Inédita, Barcelona, 2007.

Índice

HISTORIAS CURIOSAS DE LA SEGUNDA GUERRA MUNDIAL

MAQUIS, ESPÍAS Y HÉROES

Historias de comandos, campos de concentración, de la resistencia y de servicios secretos

Maquis, espías y héroes es la historia de una serie de hombres que, como guerrilleros, en las fuerzas de liberación aliadas o bien enrolados en la División Azul, combatieron en batallas tan importantes como Normandía, El Alamein, Montecasino, Las Ardenas o Stalingrado.

A partir de una serie de pequeños relatos, el autor —reconocido especialista en temas bélicos— muestra situaciones y acciones de unos cuantos protagonistas en diversos escenarios bélicos, con historias independientes aunque un mismo telón de fondo.

- En la vanguardia de la batalla de Francia.
- La larga marcha de la División Azul.
- Esclavos de la Organización Todt en el Muro del Atlántico.
- El capitán Massip, héroe de la batalla de Ladoga.
- Los héroes de Volturno.